L'ART MIMIQUE

IL A ÉTÉ TIRÉ

cinquante exemplaires numérotés sur papier de Hollande.

Prix : **10** fr.

Droits de traduction et de reproduction réservés pour tous les pays,
y compris la Suède, la Norvège et le Danemark.

CHARLES AUBERT

L'ART MIMIQUE

SUIVI D'UN

TRAITÉ DE LA PANTOMIME ET DU BALLET

200 dessins par l'Auteur

PARIS
E. MEURIOT, ÉDITEUR
18, BOULEVARD DE STRASBOURG

MCMI

L'ART MIMIQUE

INTRODUCTION

« Conformément à son étymologie, le mot langage ne
« devrait s'appliquer qu'à l'expression de la pensée par la
« parole ; mais par une extension assurément fort légitime,
« on l'applique à tout mode, à tout procédé au moyen duquel
« l'homme peut communiquer aux autres ses impressions,
« ses idées, ses volontés.

« En conséquence on distingue, d'après la nature des
« signes employés,

« Le langage d'action ou mimique ;
« Le langage oral ou parlé ;
« Le langage écrit. »

(Dupiney de Vorepierre.)

« C'est une erreur, née de l'habitude, de regarder la voix
« comme l'instrument spécifique exclusif du langage. Le
« geste et la pantomime sont aussi naturels et intelligibles
« que le cri ; et, dans l'état primitif du langage, les moyens
« visibles peuvent avoir prévalu longtemps sur les moyens
« audibles. Ce n'est que par un procédé de sélection naturelle,
« et parce que le mieux adapté doit triompher que la voix
« est devenue le moyen prédominant, à tel point que nous
« avons donné à la communication de la pensée le nom de
« langage (*jeu de la langue*). »

(Witney. *La vie du langage.*)

« La parole n'est que le résultat d'une élaboration pro-
« gressive du langage naturel, opérée sous la pression du
« besoin, avec le concours du temps et la collaboration de
« toutes les facultés humaines. »

(Rabier. *Leçons de phil.*)

« Les éléments du langage d'action sont nés avec l'homme, et ces éléments sont les organes que l'auteur de notre nature nous a donnés.

« Ce langage, que je nomme inné, est un langage que nous n'avons point appris parce qu'il est l'effet naturel et immédiat de notre conversation. Les hommes commencent à le parler aussitôt qu'ils sentent. Mais ils n'ont pensé à parler le langage d'action pour se faire entendre qu'après avoir observé qu'on les avait entendus. De même, ils n'auront pensé à parler avec des sons articulés qu'après avoir observé qu'ils avaient parlé avec de pareils sons, et les langues ont commencé avant qu'on eût le projet d'en faire. »

(CONDILLAC. La logique.)

Certes la parole et l'écriture sont les moyens puissants et admirables qui attestent au plus haut point le génie de l'homme : ils sont la source de tous progrès et de toute civilisation, en même temps que de nos jouissances les plus délicates. Ces deux langages conventionnels et réfléchis ont exigé tant d'efforts intellectuels et de travaux incessants qu'il n'est pas étonnant que les peuples devenus lettrés aient fini par oublier l'existence du langage primitif, ou du moins par le négliger, tout en continuant à s'en servir dans une certaine mesure et presque sans s'en rendre compte.

Mais il est bien évident que ce langage est le premier dont l'homme ait usé pour exprimer ses craintes, ses besoins, ses désirs, ses volontés.

De tous c'est le plus clair, le plus rapide, le plus véhément, quoique le plus borné ; et, qu'on s'y intéresse ou qu'on le dédaigne, il subsistera aussi longtemps que palpitera l'humanité, car non seulement il est impérissable puisqu'il est la manifestation involontaire et inséparable de la sensibilité, non seulement il est universellement usité et compris, mais encore il est l'auxiliaire obligé de presque tous les arts.

En effet, — à moins de n'y avoir jamais réfléchi, — qui pourrait contester l'importance de la mimique dans l'éloquence orale et littéraire, dans le chant et la danse, dans le dessin, la peinture et la sculpture; enfin, surtout, dans la comédie?

Malheureusement la plupart de ceux qui se vouent à l'un des arts que nous venons d'énumérer, ne paraissent pas se douter que c'est à leur ignorance de la mimique qu'ils doivent d'être imparfaits ou tout à fait médiocres.

Parmi les orateurs, qu'ils soient prêtres, avocats ou tribuns, bien peu se préoccupent de la mimique sobre et discrète qui doublerait la puissance de leur discours en lui donnant la chaleur et l'émotion de la vie.

Les littérateurs, particulièrement les romanciers et les auteurs dramatiques n'auraient pas un moindre intérêt à dépeindre avec vérité les mouvements visibles de la sensation et de la passion. Mais que de fois, faute de mieux, ils se contentent d'un vieux cliché.

Quant aux chanteurs et aux danseuses qui devraient être tenus, pourtant, non seulement de chanter ou de danser le rôle qui leur est confié, mais encore de le jouer, il est regrettable de constater que les premiers ne font guère que des gestes automatiques et faux, destinés plutôt à faciliter l'émission de la voix qu'à exprimer quelque chose, et que les dernières se bornent à exécuter le petit lot de gestes traditionnels, agrémenté du sourire obligatoire, que, dans les corps de ballet, les artistes se lèguent de génération en génération.

D'autre part, combien de peintres et de sculpteurs, doués d'ailleurs de sérieuses qualités, n'arrivent à produire que des œuvres froides, nullement impressionnantes, uniquement parce qu'il y manque la mimique passionnée qu'un modèle ennuyé ne saurait donner de lui-même. Or, bien qu'un tableau d'histoire ou un groupe sculptural ne soit en somme qu'une scène immobilisée, et que, peint ou taillé dans le marbre, chaque personnage ne représente qu'une attitude, qu'un geste, qu'une expression, le peintre ou le statuaire, précisément à cause de la perpétuité de cette expression, nous la doit vraie et parfaite.

Enfin ceux pour qui la mimique devrait être l'objet d'une étude incessante, parce que, pour eux, l'art de mimer est au moins aussi important que l'art de bien dire, ce sont les comédiens.

En effet, que va-t-on chercher au théâtre si ce n'est tout ce qui fait la différence qu'il y a entre une pièce qu'on entendrait lire et une pièce qu'on verrait jouer ? Si ce n'est ce qui transforme une œuvre littéraire en une action vivante !

Que signifient ces expressions : « *jouer une pièce, le jeu des acteurs ?* » Est-ce autre chose, — indépendamment de la déclamation, — que le langage d'action ou mimique des artistes, c'est-à-dire leurs attitudes, leurs jeux de physionomie, leurs gestes et tous les mouvements qu'ils exécutent ! Bref, n'est-ce pas ce langage d'action joint à la parole qui constitue précisément le charme, l'attrait prestigieux qu'on va chercher dans une salle de spectacle ?

Pourquoi juge-t-on que tel comédien est excellent et que tel autre est mauvais, alors souvent que la diction de l'un est aussi bonne que celle de l'autre ?

N'est-ce pas tout simplement que la mimique du premier est meilleure que la mimique du second ?

Il n'y a certainement pas d'autre raison.

C'est pourquoi nous affirmons que le principal élément du théâtre, c'est la mimique, et que les comédiens, avant même d'apprendre à déclamer, devraient apprendre à mimer.

En est-il ainsi ?

Vraiment non. Et même ce qui est stupéfiant, c'est que la majorité des acteurs ne se sont jamais préoccupés de cette question, la plupart s'imaginant que l'art mimique n'a d'utilité que pour jouer la pantomime proprement dite.

Voici, à ce sujet, quelques lignes de M. Jean Julien que nous relevons dans la *Plume :*

« Que se passe-t-il aujourd'hui dans nos théâtres de
« comédie ? On a tellement restreint la mimique qu'elle se
« résume toute en quelques passades et quelques attitudes
« conventionnelles. On choisit les comédiens comme les
« ténors, pour leur voix ou leurs agréments physiques ; les
« conservatoires leur apprennent surtout à dire, à articuler ;
« tout est combiné pour l'effet du mot, de la phrase, rien
« pour la pensée. Le comédien n'est plus un être vivant

« ayant corps et âme, c'est un phonographe correct ; il ne
« joue plus, il récite devant la rampe, ou déclame, si vous
« aimez mieux. »

Si sévère que puisse paraître cette appréciation, elle est profondément vraie ; et, parmi nos meilleurs comédiens, même en y comprenant ceux de nos premières scènes, les artistes consciencieux qui, comprenant l'importance de la mimique, s'évertuent à perfectionner leur jeu, sont rares.

Nous sommes même forcés d'ajouter que ces rares artistes sont encore loin de ce qu'ils pourraient être.

Que ce n'est qu'après de longues années de tâtonnements qu'ils ont fini par acquérir une certaine somme de qualités mimiques, et que n'ayant acquis ces qualités que par routine, il leur serait impossible d'en tirer des règles certaines et de les inculquer à des élèves sans se livrer préalablement eux-mêmes aux recherches et aux longs travaux qui font l'objet de cet ouvrage.

C'est déjà quelque chose pour un comédien de comprendre combien il lui importe de connaître la mimique ; mais ce n'est pas tout. Et ceux qui en ont eu l'intuition se sont trouvés fort embarrassés lorsqu'ils ont voulu apprendre les premières notions de cet art.

A qui s'adresser ? Où trouver un professeur ?

Pas plus au Conservatoire qu'ailleurs.

Existe-t-il au moins des traités, des documents quelconques qu'on puisse consulter utilement ?

Pas davantage.

Il a été écrit des centaines d'ouvrages sur la physionomie, la physiognomonie, les mouvements d'impression, le geste, l'institution des signes, le mécanisme de la physionomie humaine, l'anatomie des expressions, l'expression des émotions…, etc., etc.

Mais tous ces ouvrages écrits dans une forme scientifique n'ont pour objet que la recherche des rapports qui existent entre les mouvements de l'âme et leur expression physique. Ce sont des œuvres purement physiologiques, psychologiques et métaphysiques où le comédien ne trouvera pas la moindre notion de l'art qu'il a le plus d'intérêt à apprendre.

Tout d'abord on pouvait croire que les artistes fameux qui se sont illustrés dans la pantomime devaient avoir laissé des règles précieuses.

Encore une désillusion.

Il ne nous reste d'eux que leurs noms et l'écho lointain de l'enthousiasme qu'ils provoquaient.

Parlant de Roscius et d'Ésopus, célèbres mimes romains, Cassiodore les appelle des hommes dont les mains éloquentes ont une langue au bout de chaque doigt.

Ailleurs, le même auteur affirme que la pantomime éclipsa la comédie et même la tragédie.

Sous Auguste, il n'y avait pas une seule pièce suivie qui ne fut traduite en pantomime. Après le repas, les gens riches en offraient le spectacle à leurs convives.

L'empereur Néron la joua lui-même en public.

Enfin tel était l'engouement de la société romaine pour ce genre de spectacle que Tibère fut obligé de promulguer un règlement interdisant aux chevaliers et aux sénateurs de fréquenter les écoles de pantomime.

L'histoire nous apprend encore les noms de Bathylle et de Pylade dont les partisans poussaient l'enthousiasme jusqu'à fomenter des émeutes pour faire prévaloir la supériorité de leur favori.

Mais cela ne nous avance guère.

Tout ce que nous savons, c'est que ces mimes jouaient avec un masque sur le visage, ce qui les privait du jeu de la physionomie; et que, dans leur accoutrement, ils usaient d'artifice pour se grandir et se grossir, ce qui devait singulièrement altérer l'harmonie des proportions et nuire à la vérité du geste et de l'attitude.

Aussi, quand on raconte que Roscius arrivait à traduire par la pantomime tous les discours de Cicéron, sommes-nous tentés de croire que la force d'imagination du public romain égalait au moins le talent de son artiste préféré.

D'autre part, ce qui tendrait à ramener la puissance expressive des mimes anciens à un degré plus vraisemblable, c'est qu'ils se donnaient la peine de fournir aux spectateurs l'explication de la pièce qu'ils représentaient.

Pour les sénateurs, il y avait des livrets rédigés en grec : le *canticum*; pour le peuple, des monologues récités par le chœur.

Bref, la pantomime antique ne nous a légué précisément que des traditions que nous devons soigneusement écarter : le masque, le grandissement artificiel de l'artiste, le livret et les monologues explicatifs.

Au moyen âge, la pantomime renaît en Italie. Mais tout ce que nous en savons, c'est que le Pulcinello en était le principal personnage.

En France, aux dix-septième et dix-huitième siècles, la pantomime consistait surtout à parodier des pièces de la comédie française et de la comédie italienne. Les personnages de ces pantomimes, nous dit-on, chantaient et parlaient au moyen d'écriteaux.

Quant aux ballets, ils étaient tous mythologiques, dansés et joués avec des masques. Les rôles étaient désignés par des costumes de convention appelés habits de caractères. Le Vent, par exemple, avait un habit de plumes, un moulin à vent sur la tête et un soufflet à la main.

Tout cela est bien naïf.

Un instant la pantomime parut se relever avec Debureau. Les littérateurs accoururent aux Funambules, quelques-uns écrivirent des pièces pour la troupe silencieuse qui conservait les costumes traditionnels de la comédie italienne.

Mais ainsi que les mimes romains, Debureau disparut sans nous laisser le moindre document sur la mimique. Nous ne pouvons faire que des conjectures au sujet de son talent.

En résumé, les mimes célèbres qui, seuls, auraient pu nous apprendre quelque chose de la pantomime, ne nous ont rien laissé.

Eux disparus, tout est à refaire. Les nouveaux mimes doivent recréer leur art de toutes pièces.

Et pourtant, à toutes les époques, les vrais artistes n'ont pas cessé de se préoccuper de la pantomime, sentant confusément que cet art étrange recélait, sous une apparence frivole et souvent triviale, quelque chose de très important.

Beaucoup de tentatives particulières ont été faites ; malheureusement, elles ne pouvaient aboutir à rien de profitable, n'étant que des tentatives isolées, rarement renouvelées.

Seul, le Cercle Funambulesque a montré de la persévérance et de la foi. Aussi nous a-t-il donné des spectacles mimiques vraiment artistiques, bien capables de réchauffer l'ardeur des partisans de ce genre.

Mais en dépit de l'intelligence et des efforts déployés pendant plusieurs années, et malgré quelques brillants succès, le Cercle Funambulesque n'a abouti qu'à prouver que la pantomime pouvait être un spectacle des plus intéressants ; il a manqué le but à atteindre : fonder l'art mimique.

Il s'est éteint ne laissant ni une méthode, ni même les rudiments d'une méthode.

C'est tellement vrai qu'à l'heure actuelle, un auteur ou un comédien mis en demeure d'écrire ou de jouer une pantomime, ne saurait où s'adresser pour apprendre les premières notions de la mimique et que, comme ses prédécesseurs, il serait obligé d'inventer à l'improviste, de tirer de son propre fonds des règles à son usage, selon les idées particulières qu'il a sur ce sujet.

Et l'on ne saurait s'imaginer combien ces idées sont diverses, contradictoires, bizarres, saugrenues.

Un littérateur d'une haute réputation, critique théâtral, auteur lui-même de pièces et de pantomimes, était convaincu que la pantomime ne pouvait s'exprimer qu'à l'aide de gestes purement conventionnels, et qu'on devrait distribuer au public une sorte de dictionnaire des principaux vocables que chaque spectateur serait tenu d'apprendre avant le lever du rideau.

Le docteur Hacks, auteur d'un livre intitulé : *Le Geste*, a sur les mimes, et notamment sur les Pierrots, des opinions encore plus extraordinaires.

Nous copions textuellement dans *Le Geste*, page 389 :

« Un bon mime doit avoir au moins 1^m,70 de taille, être
« solidement musclé, avoir une circonférence thoracique
« de 91 centimètres, un effort de soulèvement de 95 kilo-
« grammes, une résistance dorsale de 29, une détente de

« de jambe de 44, et 36 centimètres, au moins, de circon-
« férence de bras. Son poids ne doit pas dépasser 68^k,700. »

Malgré tout le respect que nous inspire l'érudition de
M. Hacks, il nous est impossible de comprendre pourquoi
il est si nécessaire d'avoir au moins 36 centimètres de tour
de bras et un effort de soulèvement de 95 kilogrammes pour
jouer la pantomime.

Quant aux pauvres petites femmes qui seraient tentées
de jouer les rôles de Pierrot, en est-il beaucoup qui pourraient justifier d'une résistance dorsale de 29 kilogrammes ?

Un peu plus loin, l'auteur du *Geste* ajoute cette phrase
vraiment terrifiante pour les mimes :

« On peut dire que tout mime, le jour où il aborde son
« métier, signe son arrêt de mort à brève échéance. Le
« vieux mime n'existe pas et ne peut pas exister. »

M. Georges Polti est l'auteur d'un système ayant pour
but la notation des gestes, qui serait au langage d'action ce
que la sténographie est à la parole.

Malheureusement, on se sent pris d'épouvante devant les
difficultés que ce système laisse entrevoir si l'on songe que
la main seulement, — d'après les calculs de l'auteur, —
présente déjà plus de huit millions d'aspects.

Bref, l'art mimique serait éternellement condamné aux
mêmes recommencements, aux mêmes tâtonnements, aux
mêmes préjugés et aux mêmes erreurs, si l'on ne se déter-
minait pas enfin à jeter les bases d'une méthode, à formuler
quelques principes logiques et surtout à définir clairement
ce que c'est que la mimique, son rôle, ses moyens, ses ressources et ses limites.

C'est précisément la tâche que nous avons entreprise.

Il n'était pas facile de voir clair tout d'un coup dans un
art livré jusqu'à ce jour à la fantaisie la plus folle, exercé
au petit bonheur, presque toujours inconsciemment, et dont
les quelques secrets utilisés furent emportés en mourant
par ceux qui les avaient trouvés.

Aussi nous ne prétendons pas avoir échappé complètement à l'erreur, nous ne prétendons pas avoir découvert d'un
seul coup un ensemble de règles définitives. Mais d'autres

viendront qui se serviront des premiers efforts, qui corrigeront nos fautes et perfectionneront notre essai.

Si imparfaite que soit notre œuvre, elle a au moins cette chance d'être la première. Qu'on lui accorde seulement le mérite d'avoir ouvert une voie de progrès à un art nécessaire, notre but sera atteint.

NOTIONS GÉNÉRALES

Le langage d'action ou mimique est universel, les mouvements d'expression étant les mêmes chez les différentes races humaines.

La pantomime, c'est la pièce de théâtre jouée en langage d'action.

La mimique est l'art de reproduire par tous les moyens possibles, mais principalement par soi-même, avec son propre corps, tous les mouvements visibles par lesquels se manifestent les émotions et les sentiments humains.

La mimique est l'auxiliaire obligé de tous les arts lorsqu'ils sont appliqués à la représentation de l'homme pensant, sentant et agissant.

La mimique est surtout l'élément fondamental du théâtre, étant l'action, c'est-à-dire le langage le plus clair, le plus impressionnant et, peut-on dire, le plus contagieux, attendu que le spectateur qui voit exprimer par la mimique une émotion plus ou moins intense, se trouve entraîné, en vertu du principe d'imitation, à partager, à ressentir lui-même l'émotion dont on lui montre tous les signes.

On pourrait peut-être soutenir que les paroles prononcées dans une pièce n'ayant pour but que d'expliquer les motifs de l'action devraient être considérées comme élément secondaire.

C'est le contraire qui a lieu.

La littérature s'est élevée, comme mode d'expression, à un si haut degré de perfection, et, en même temps, la mimique est tellement négligée, que c'est cette dernière qui passe inaperçue, et qu'on ne soupçonne même pas l'importance de son rôle.

Mais peu importe la place qu'on lui accorde.

Il ne s'agit que de tirer profit des puissantes ressources qu'elle offre aux artistes en général, et particulièrement aux comédiens.

Aussi est-ce à ces derniers principalement que s'adresse cet ouvrage.

La mimique comprend les attitudes, les jeux de physionomie, les gestes; enfin, tous les mouvements du corps; elle comprend aussi le rire, les pleurs, les cris et toutes les inflexions spontanées de la voix.

Les mouvements mimiques se divisent en cinq sortes, à savoir :

1° *Les mouvements d'action*, qui sont purement et simplement les mouvements nécessaires pour accomplir une action: boire, marcher..., etc. ;

2° *Les mouvements de caractère*, qui sont *permanents* et qui déterminent le caractère, les habitudes et la qualité d'un personnage ;

3° *Les mouvements instinctifs*, qui sont *spontanés, involontaires*, et qui trahissent une émotion, une sensation physique ou morale ;

4° *Les mouvements descriptifs ou parlants*, qui sont *volontaires, réfléchis, composés*, et qui ont pour but d'exprimer une pensée, un besoin, une volonté, ou de décrire un personnage, un objet, ou d'indiquer un point, une direction.

5° *Les mouvements complémentaires*, qui sont la participation de tout le corps à l'expression signifiée par le mouvement principal, afin de donner à cette expression plus de force et d'harmonie.

Pour être complète, une expression mimique exige tout à la fois : l'attitude, le jeu de la physionomie et le geste.

Cependant on pourra, par la suite, faire les remarques suivantes :

Les expressions de caractère se composent surtout d'attitudes ;

Les expressions instinctives se composent surtout des jeux de physionomie ;

Les expressions descriptives ou parlantes se composent surtout de gestes des mains.

Pour un comédien, l'art mimique consiste à acquérir :

1° La souplesse et la mobilité de son corps, de ses membres et des muscles de son visage ;

2° La connaissance de tous les mouvements qu'il peut exécuter ;

3° La facilité et la précision dans l'exécution de tous ces mouvements ;

4° La conscience parfaite de la signification de chacun de ces mouvements.

Nous allons donc commencer par passer en revue tous les mouvements que nous pouvons exécuter avec notre corps, nos membres, les muscles de notre visage et nos mains, en notant au passage la signification de chacun de ces mouvements.

Nous désirons faire plus.

De même qu'on comprend mieux et qu'on se sert plus justement d'un mot dont on connaît l'étymologie, nous croyons que nous saisirions bien mieux la portée d'un mouvement et que nous l'exécuterions avec une plus grande exactitude si nous connaissions l'origine de ce mouvement et sa signification primitive.

Nous essaierons donc parfois de démêler l'*étymologie* des gestes, ou plutôt nous soumettrons timidement les idées que nous avons à ce sujet, beaucoup de savants illustres ayant déjà traité la question sans avoir pu se mettre d'accord.

Parmi les nombreuses théories qui ont été émises pour expliquer les mouvements mimiques, nous avons retenu les propositions suivantes qui s'accordent le mieux avec notre opinion personnelle :

« Ce mouvement, dit Charles Bell, est un commencement
« d'action, à savoir : de l'action précisément nécessaire pour
« écarter ou prolonger une émotion suivant qu'elle est agréable
« ou douloureuse. Les organes du corps, qui servent à
« l'expression, servent d'abord et essentiellement à des

« fonctions, à des actions, et le signe ou l'expression n'est
« qu'une action commencée. Même chose à dire pour les
« expressions de la face : la fureur se traduit chez l'animal
« carnassier par un rictus prononcé qui rétracte les lèvres en
« découvrant les dents : c'est l'action de mordre qui s'ap-
« prête. »

Voici, d'autre part, la théorie de Darwin, qu'il appelle :
Principe de l'association des habitudes utiles :

« Les mouvements utiles à l'accomplissement d'un désir
« ou au soulagement d'une sensation pénible finissent, en se
« répétant, par devenir si habituels qu'ils se reproduisent
« toutes les fois qu'apparaît ce désir ou cette sensation,
« même à un très faible degré, et alors même que leur
« utilité devient nulle ou très contestable. »

Nous croyons, en effet, que nous pouvons accepter ces théories, au moins en partie, à savoir :

D'après Charles Bell : un mouvement mimique est le commencement d'une action *nécessaire.*

D'après Darwin : ces mouvements *utiles*, en principe, finissent par devenir habituels.

De là à les employer comme langage il n'y avait qu'un pas. Et comme le dit Condillac : les hommes ont pensé à parler le langage d'action pour se faire entendre lorsqu'ils eurent observé qu'on les avait entendus.

Dans la recherche qui nous occupe, nous croyons donc devoir conseiller au lecteur de se laisser guider par le principe de l'*utilité.*

D'ailleurs, nous pensons que dans beaucoup de cas, peut-être même dans le plus grand nombre, l'utilité physiologique qui existait primitivement subsiste encore actuellement et subsistera toujours. Il n'y a pas de raison, en effet, pour que les signes de l'envie de pleurer, par exemple (fig. 1), ne soient pas exactement les mêmes chez nos contemporains que chez nos ancêtres les plus reculés.

Nous avons déjà vu que les mouvements mimiques ne sont pas tous de même nature.

Ainsi, il y a une sensible différence entre l'expression *instinctive* de pleurer (fig. 2), où il est évident que tous les mouvements musculaires de la face qui concourent à la former s'exécutent spontanément, sans que notre volonté y ait

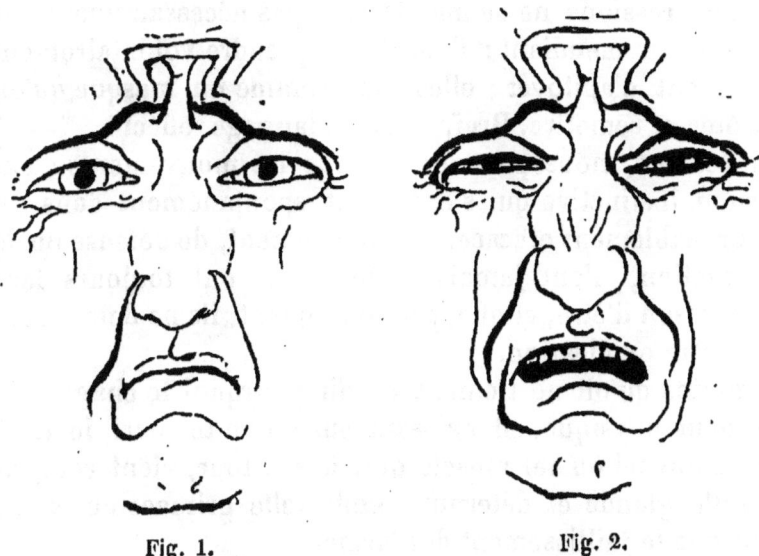

Fig. 1.   Fig. 2.

aucune part, et même malgré notre volonté, et l'expression *parlante* de mendier, d'apitoyer, où la volonté est manifeste (fig. 3).

Ici, l'expression est tout à la fois voulue, réfléchie et composée. Les plissements contrariés du front, les sourcils tout à la fois élevés et rapprochés, les joues remontant et bridant sous les yeux, les lèvres avancées et boursouflées, sont bien le commencement de l'action de pleurer. L'intention est celle-ci : Je souffre à en pleurer. Ayez pitié.

D'autre part, les lèvres qui s'avancent comme pour un

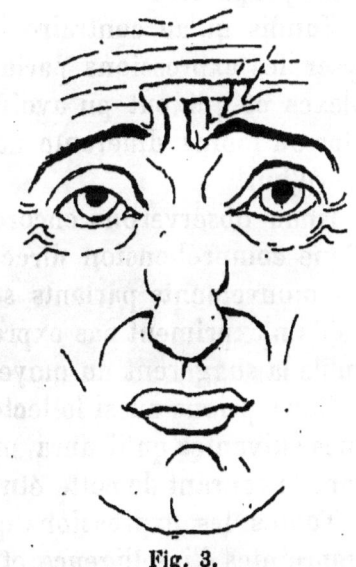

Fig. 3.

baiser, signe suprême de la bienveillance, suggèrent l'idée de bonté : Soyez bon. Donnez-moi.

Enfin la tête qui s'incline signifie : Je me courbe, je m'humilie.

Ces expressions ne se manifestent pas nécessairement sur le visage du mendiant : il peut les prendre volontairement dans le but d'apitoyer ; elles sont comme un masque qu'on peut ôter et remettre. Bref, c'est un langage réfléchi.

En résumé, nous pouvons dire que les mouvements d'expression instinctive qui s'exécutent spontanément dans un but, probablement efficace, de soulagement, de défense ou de conservation, n'ont jamais varié, qu'ils ont toujours leur même raison d'être, et que, par conséquent, ils ne demandent pas d'autre explication.

A moins qu'on ne tienne à savoir pourquoi le chagrin ou la douleur physique, en agissant sur tel ou tel nerf, incite à se mouvoir tel ou tel muscle qui, à son tour, vient comprimer telle glande et détermine enfin telle grimace en même temps que le jaillissement des larmes.

Mais ce sont là des questions de physiologie dont la solution ne nous semble pas indispensable au résultat que nous nous proposons.

Tandis qu'au contraire il nous paraît intéressant d'analyser les expressions parlantes qui sont généralement complexes et qui ont pu avoir primitivement une signification plus ou moins différente de celle que nous leur prêtons aujourd'hui.

Nous observerons encore que les signes instinctifs sont d'une compréhension directe, immédiate : alors que souvent les mouvements parlants sont plutôt suggestifs, c'est-à-dire qu'ils n'expriment pas expressément la chose signifiée, mais qu'ils la suggèrent au moyen de l'association des idées.

Nous prions aussi le lecteur de faire attention aux remarques suivantes qu'il aura maintes fois l'occasion de vérifier dans le courant de cette étude :

Toutes les expressions qui, à un degré quelconque, sont empreintes d'intelligence et de volonté, telles que : la convoitise, l'inquiétude, la méditation, l'effort intellectuel, le mépris, le dégoût, l'horreur, la colère, le défi, la combativité, la bravoure, l'orgueil, la lutte contre la souffrance..., etc., sont toujours caractérisées par l'abaissement et le rapprochement des sourcils, formant à la base du front des plis verticaux.

En outre, elles sont accompagnées d'une tension des membres et de tout le corps.

/ Les expressions où l'intelligence et la volonté sont momentanément inactives, telles que : l'hésitation, l'ignorance, l'étonnement, l'admiration, l'appétence, la stupéfaction, l'épouvante, la souffrance physique extrême, la gaieté, le rire, la jouissance, l'ahurissement, le gâtisme..., etc., sont toujours caractérisées par la surélévation des sourcils occasionnant sur le front des plis horizontaux.

Elles sont, en outre, accompagnées du relâchement des muscles et du fléchissement des membres.

Cependant, on peut ressentir quelques-unes de ces émotions, — celles, par exemple, contre lesquelles il serait utile de réagir, comme : l'anxiété, l'épouvante, la souffrance physique, — tout en conservant encore, jusqu'à un certain point, la volonté de lutter.

Dans ce cas, il se forme sur le front des plis contrariés; c'est-à-dire que les plis verticaux subsistent encore malgré la prédominance des plis horizontaux.

Mais lorsque ces émotions, acquièrant une plus grande intensité, paralysent entièrement l'intelligence et la volonté, les plis verticaux disparaissent complètement.

/ Toutes les expressions qui indiquent une détermination, une activité, ou un attrait, comme : admirer, désirer, prier, persuader, ordonner, menacer, braver..., etc., exigent qu'on fasse porter tout le corps sur la jambe qui est en avant et qu'on tende la tête.

/ Au contraire, toutes les expressions qui témoignent l'indécision, la crainte ou l'aversion, comme : hésiter, douter, méditer, redouter, s'épouvanter, mépriser..., etc., se complètent par le retrait du corps sur la jambe qui est en arrière.

Toutes les expressions d'émotion intense entraînent toujours la surélévation des épaules.

Les comédiens comprendront aisément que, s'ils peuvent abandonner aux mimes proprement dits la plupart des expressions volontaires ou réfléchies qui ont pour but de suppléer à la parole, ils ont, au contraire, le plus grand intérêt à étudier et à se servir de toutes les expressions instinctives qui contribuent si puissamment à vivifier la parole en lui donnant plus de clarté, de force et de chaleur.

Nous dirons encore, pour finir, que, à part quelques signes indicatifs et descriptifs peu nombreux, les mouvements mimiques n'expriment que des verbes, rien que des verbes.

EXERCICES D'ASSOUPLISSEMENT

Dans le langage d'action, aucune partie du corps ne doit rester indifférente.

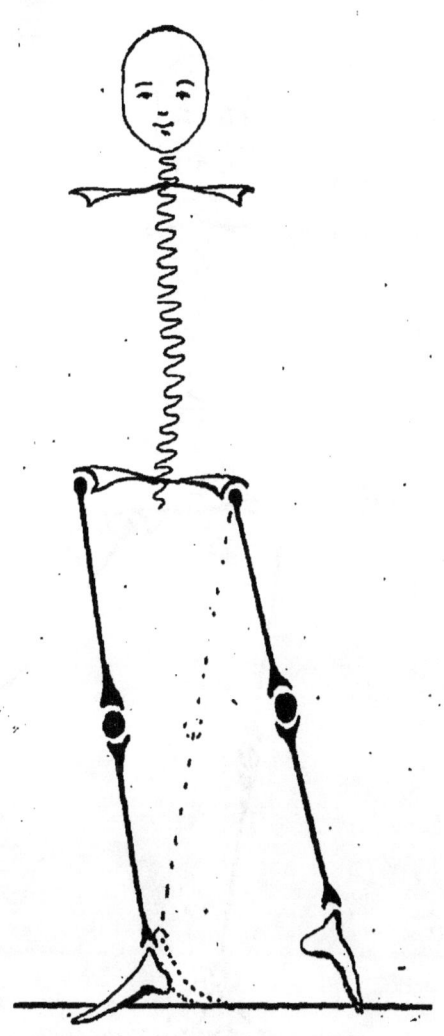

Fig. 4.

Il ne suffit pas de faire des gestes et des jeux de physionomie; pour être complète, une expression exige le concours de tout le corps et de tous les membres. C'est de la participation harmonieuse de tous nos organes que dépendent la grâce, la clarté et la puissance de la mimique.

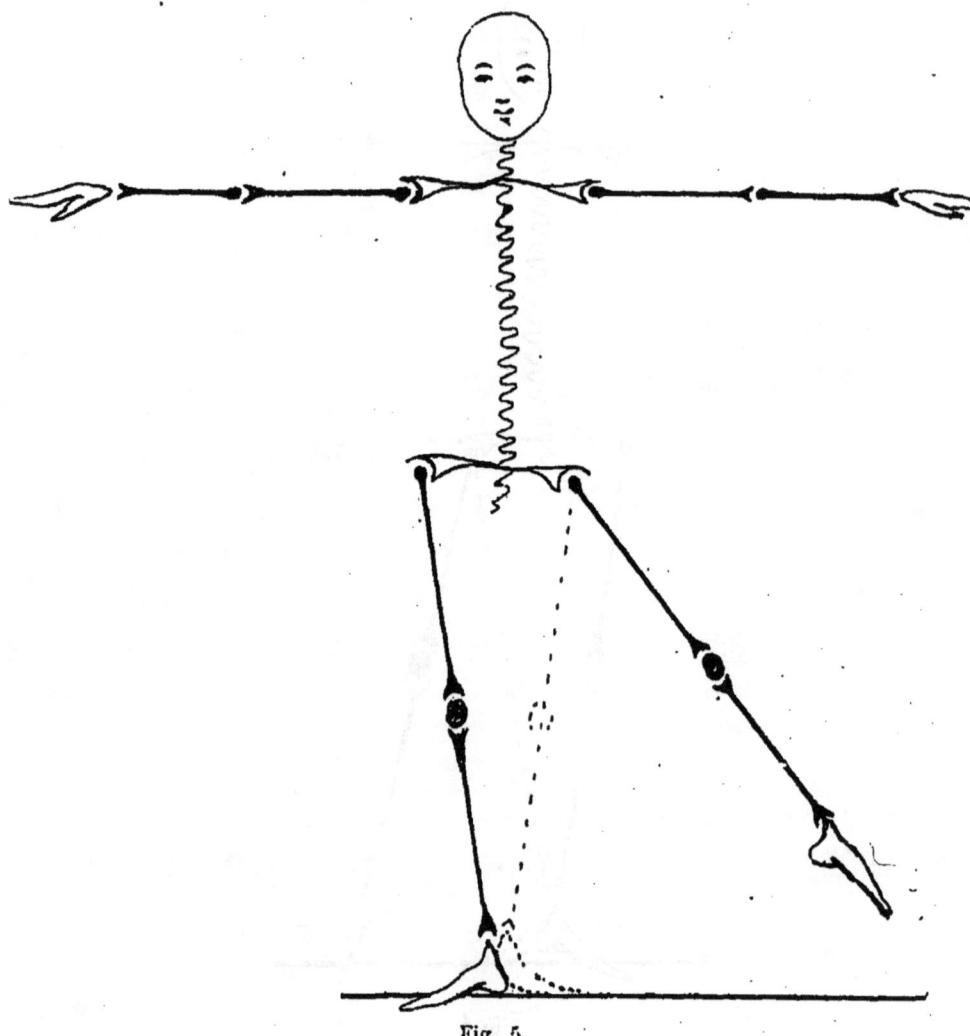

Fig. 5.

Un comédien doit donc être souple, leste, adroit et gracieux. En outre, il doit être sûr de son équilibre; car, ainsi qu'on le verra par la suite, la plupart des attitudes, pour avoir toute leur force d'expression, demandent que le poids du corps ne repose que sur une seule jambe.

Le meilleur moyen d'acquérir ces qualités, c'est d'étudier les premiers exercices de la danse, à savoir :

Les dégagés à terre (fig. 4) ;

Les dégagés à la demi-hauteur (fig. 5) ;

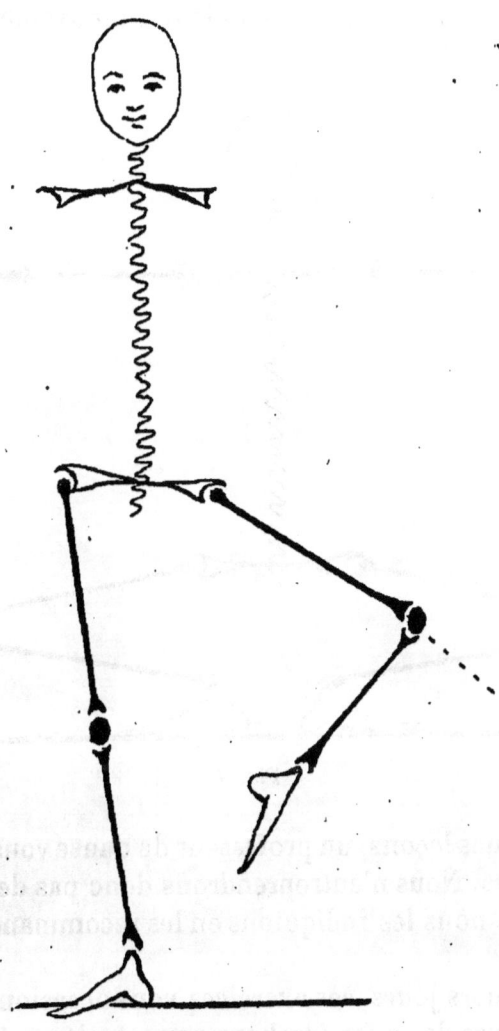

Fig. 6.

Les ronds de jambe (fig. 6) ;

Les pliés dans les cinq positions (fig. 7).

Ces exercices exécutés pendant quelque temps d'une manière suivie, et renouvelés par la suite de temps à autre, donneront à l'artiste des qualités précieuses qu'il conservera toujours.

Il ne s'agit pas d'apprendre véritablement à danser, — ce qui ne nuirait pas, d'ailleurs, — mais seulement d'acquérir l'équilibre, la sûreté et l'harmonie des mouvements.

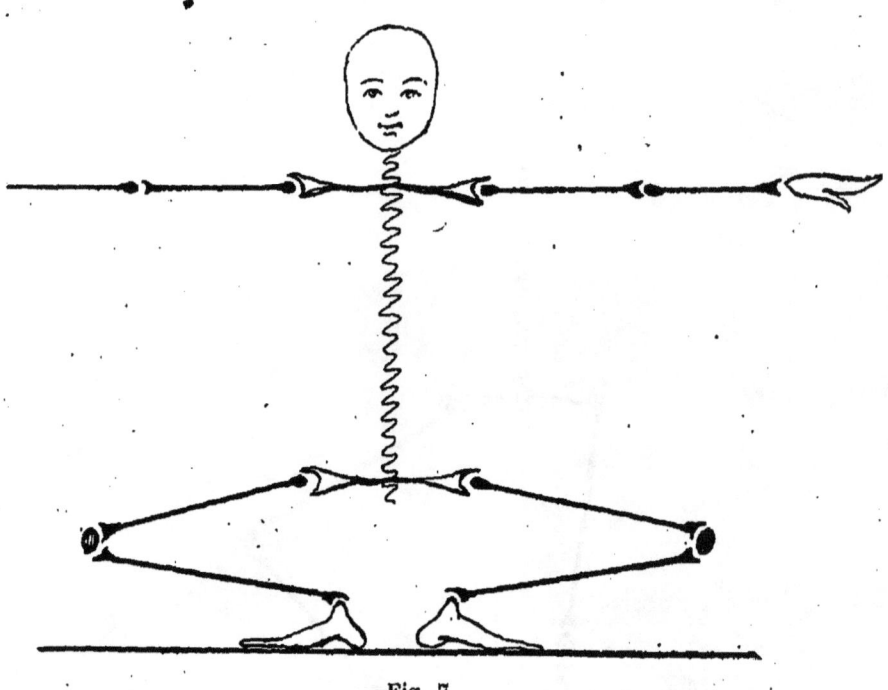

Fig. 7.

En quelques leçons, un professeur de danse vous enseignera ces exercices. Nous n'entreprendrons donc pas de les décrire. Il suffit que nous les indiquions en les recommandant expressément.

Les premiers jours, ces exercices vous occasionneront quelques douleurs dans les jambes; mais ce léger inconvénient ne tardera pas à disparaître.

Ce qui ne disparaîtra pas, ce sont les avantages qui résulteront certainement de vos efforts.

EXAMEN DÉTAILLÉ

DES MOUVEMENTS DU CORPS ET DES MEMBRES

Des jambes.

Si vous vous tenez debout, — les jambes droites, — les talons se touchant, — et le corps portant également sur les deux jambes (fig. 8), vous obtenez des attitudes concourant aux expressions suivantes :

Modestie.
Timidité.
Humilité.
Respect.
Passivité.
Servilité.
Attente respectueuse.

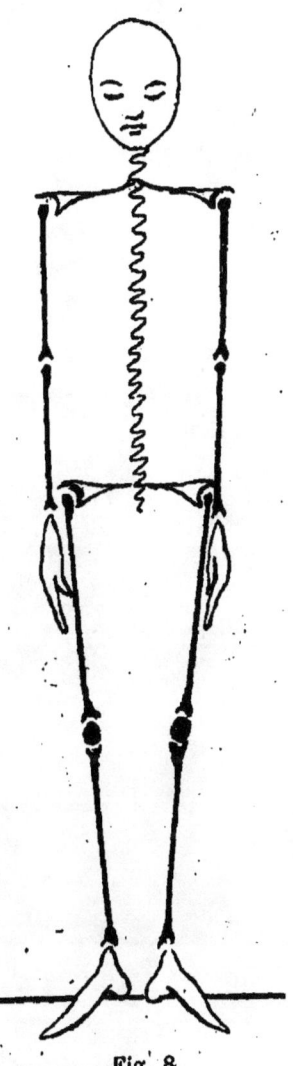

Fig. 8

Debout, — le corps reposant également sur les deux jambes, — mais les pieds écartés (fig. 9), vous donnez l'impression :

D'un marin.	D'un lourdeaud.
D'un cavalier.	De la vulgarité.

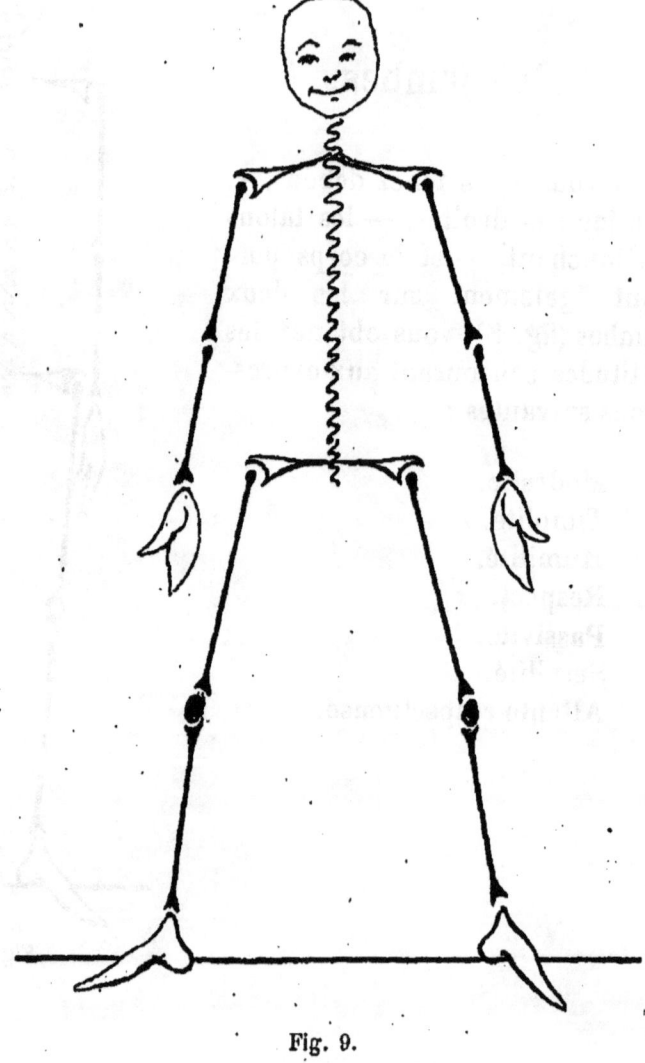

Fig. 9.

D'un homme habitué à porter de lourds fardeaux.

La même attitude que la précédente avec, en plus, le fléchissement (fig. 10) indique :

La fatigue.   La vieillesse.
La faiblesse.   L'ivresse.
En général, la crainte de perdre l'équilibre.

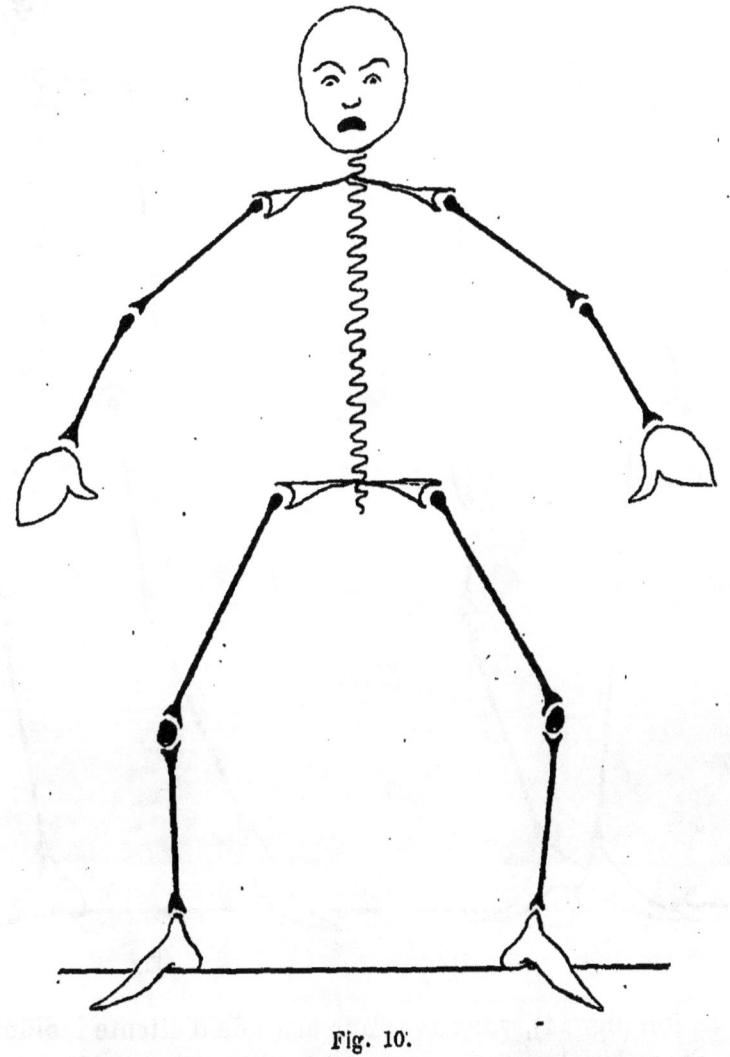

Fig. 10.

Si vous vous tenez debout, — face au public, — les deux pieds touchant le sol, — mais le corps ne reposant que sur une seule jambe, vous obtenez des attitudes plus gracieuses, plus actives et plus expressives.

Si le corps repose sur la jambe qui est du côté opposé à

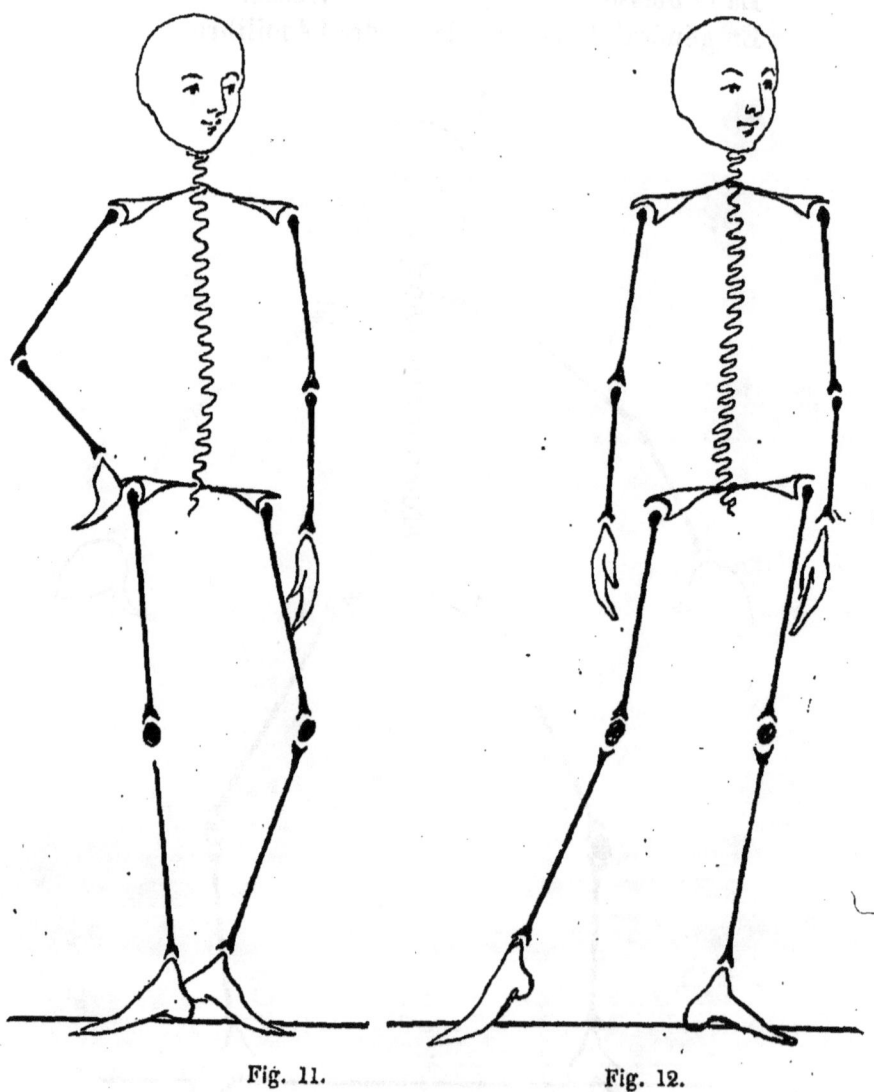

Fig. 11.   Fig. 12.

l'action (fig. 11), vous avez une attitude d'attente indifférente.

Si, au contraire, le corps est porté sur la jambe qui est du côté de l'action (fig. 12), vous avez une attitude :

Active.   Attentionnée.

. Si, parlant au public ou à un partenaire, votre corps repose également sur vos deux pieds placés sur une même ligne (voyez les fig. 8 et 9), vous avez l'attitude la moins expressive

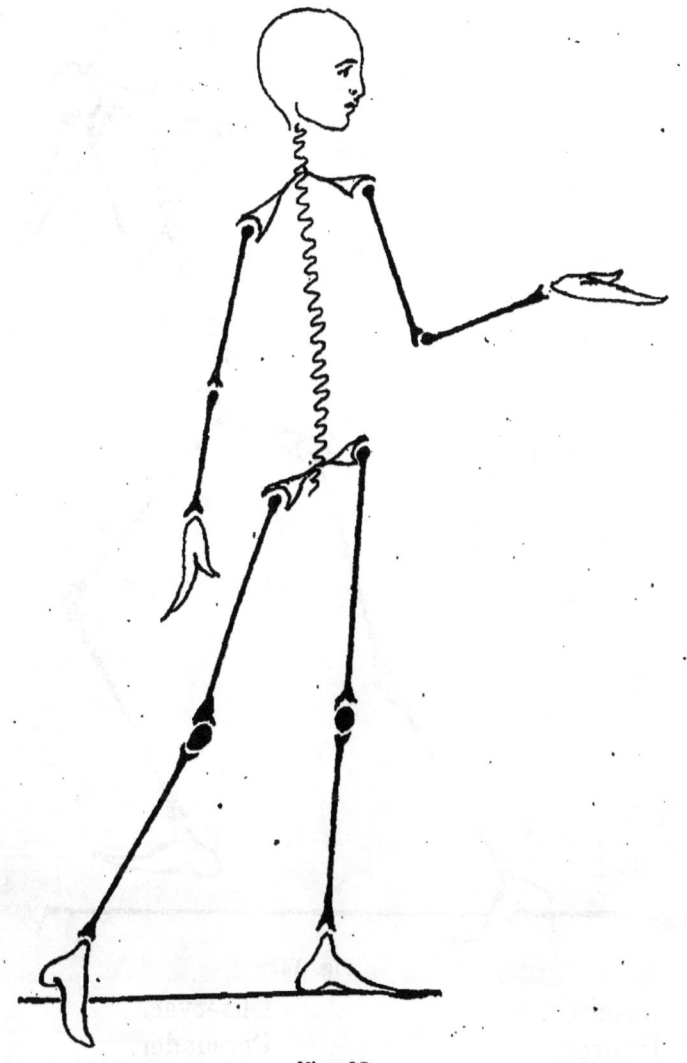

Fig. 13.

et la moins commode, car vous ne sauriez porter votre corps en avant ou en arrière sans risquer de perdre l'équilibre.

Au contraire, si vous portez un pied en avant, vous pouvez imprimer à votre corps des mouvements d'avancement et de recul d'où résulteront des attitudes d'un puissant effet.

En portant votre corps sur la jambe qui est en avant, (fig. 13), vous obtenez des attitudes concourant aux expressions suivantes :

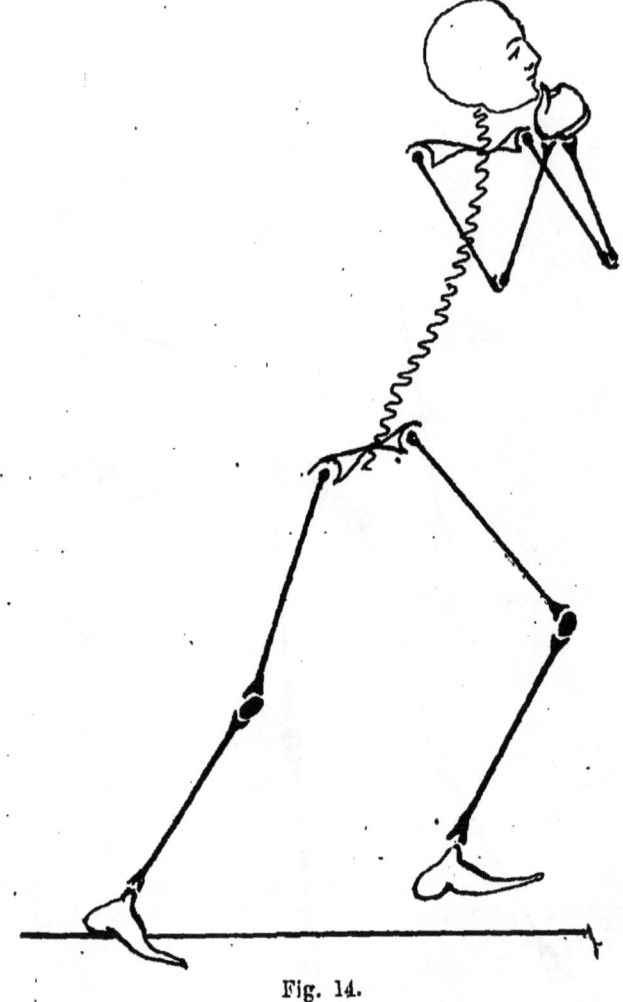

Fig. 14.

Admirer. Observer.
Désirer. Persuader.
Demander. Ordonner.
Supplier. Menacer.
Vouloir. Braver.
Affirmer. Lutter.
Promettre.

En général, toutes les expressions empreintes de volonté.

En fléchissant la jambe qui soutient le corps (fig. 14), vous obtenez les mêmes expressions, mais beaucoup plus accentuées, beaucoup plus véhémentes.

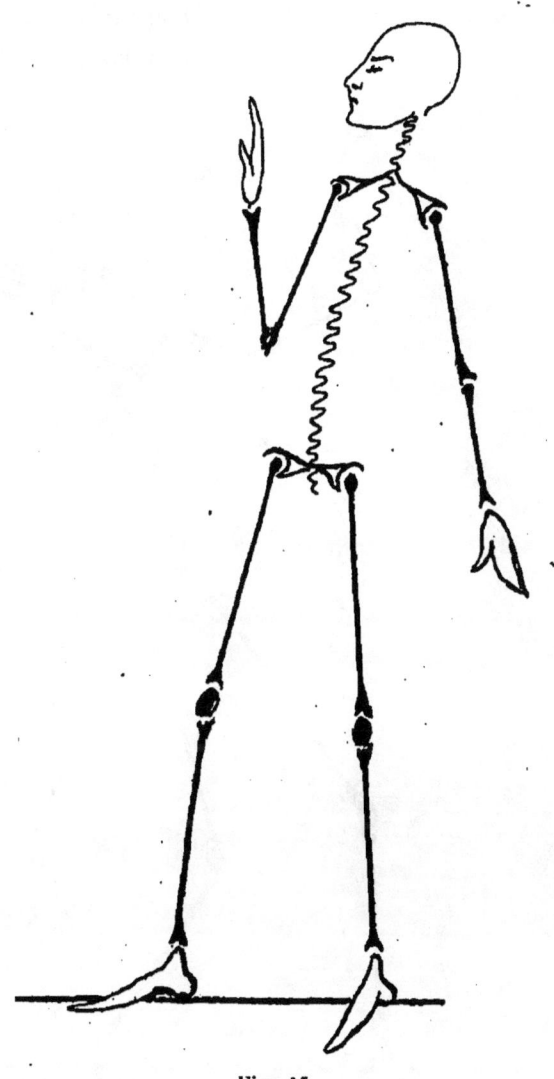

Fig. 15.

Le rejet du corps sur la jambe qui est en arrière (fig. 15) nous donne des attitudes qui servent plutôt à exprimer des sensations passives ou d'indécision, savoir

Ignorance.	Refus.
Hésitation.	Étonnement.
Doute.	Stupéfaction.
Méditation.	Mépris.
Anxiété.	Répulsion.
Crainte.	Épouvante.
Négation.	

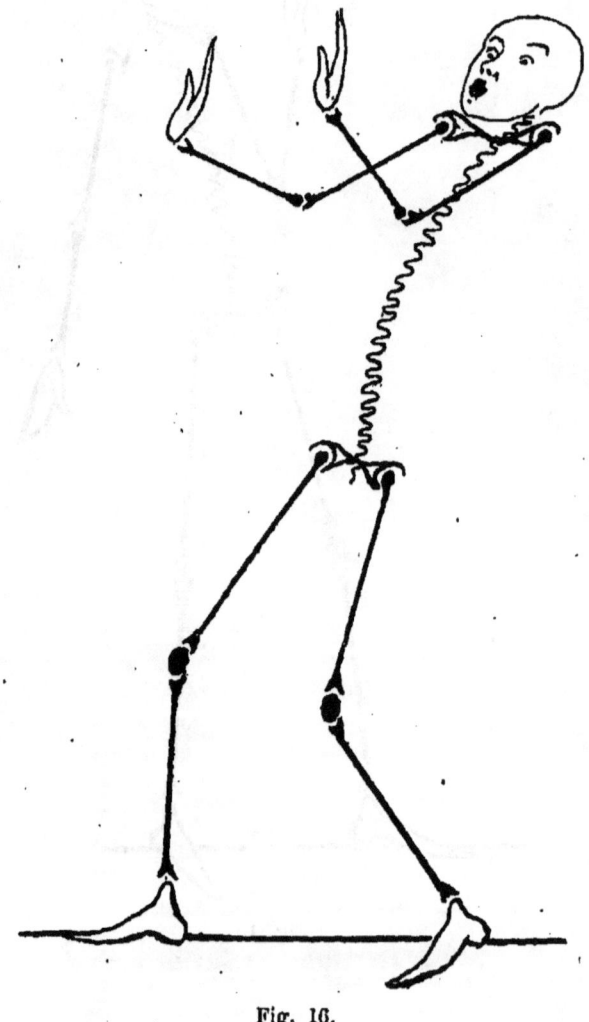

Fig. 16.

La puissance d'expression de cette attitude est considérablement augmentée par la flexion de la jambe qui supporte le corps (fig. 16).

En résumé, la station simple, le corps reposant sur les deux jambes, les pieds rapprochés ou écartés sur une même ligne, est une attitude qui peut convenir pour exprimer des états d'infériorité, d'indifférence ou des sentiments contenus ; mais dès qu'il s'agit de manifester une passion, une volonté, ou des émotions intenses, nous ne saurions recommander trop vivement aux artistes de faire porter leur corps sur une seule jambe, plus ou moins fléchie, soit en avant, soit en arrière, selon la nature du sentiment à exprimer, ces mouvements d'avancement ou de retraite, nous le répétons, offrant dans une large mesure des ressources à l'expression mimique.

Un autre avantage que l'artiste retirera de cette habitude sera d'avoir toujours une jambe libre, prête au départ.

Reposant, par exemple, sur la jambe droite, il pourra, avant la fin de la phrase, disposer son pied gauche de la manière la plus favorable pour se diriger dans une direction donnée, en évitant ce piétinement désagréable que nous avons trop souvent l'occasion de déplorer au théâtre.

Nous ferons remarquer qu'il ne suffirait pas que ces leçons fussent lues seulement ; elles ne peuvent être efficaces que si l'artiste exécute lui-même les mouvements recommandés au fur et à mesure que nous les indiquons.

De la démarche.

Il est assez difficile de marcher convenablement au théâtre ; d'autre part, il n'est guère possible d'apprendre à un artiste comment il doit marcher.

Il y a des gens qui sont naturellement souples et légers ; ceux-là marchent bien, même sans y avoir jamais pensé. D'autres sont lourds, raides, inhabiles à mouvoir leurs jambes et marchent mal.

On ne peut donc pas dire qu'il faut apprendre à marcher,

mais bien qu'il faut corriger les défauts naturels qui sont la cause d'une démarche défectueuse.

Or, le meilleur moyen, et même le moyen unique, c'est de

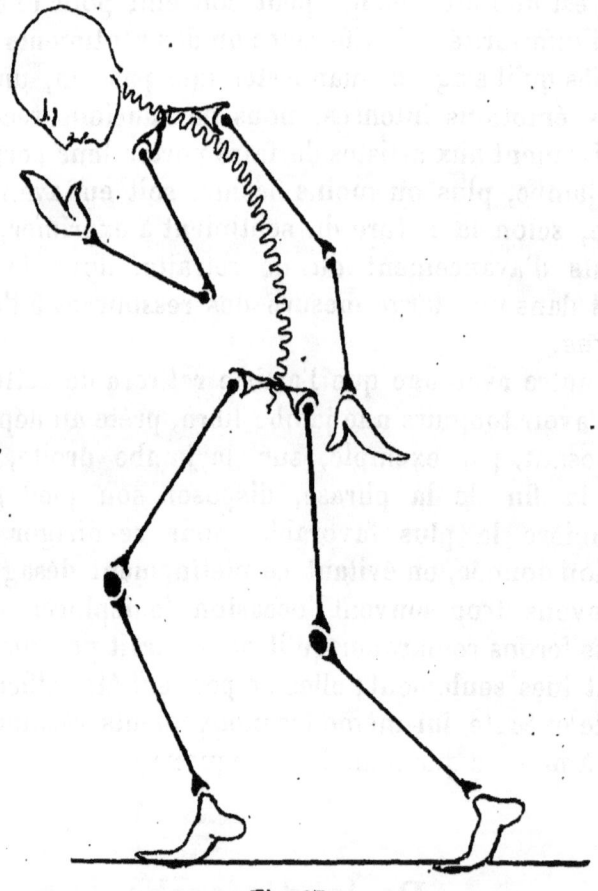

Fig. 17.

faire avec persévérance les premiers exercices de la danse que nous avons déjà indiqués.

Quant aux démarches défectueuses *voulues* qui peuvent servir à caractériser un personnage, nous répéterons exactement ce que nous avons dit au sujet de la station (voyez les fig. 9 et 10) : écartement et fléchissement des jambes.

En outre, le raidissement des jambes donne une démarche hésitante et saccadée qui convient pour caractériser de vieux militaires, ou de vieux rhumatisants.

On donne l'impression qu'on marche dans la boue, en marchant sur la pointe du pied qu'on pose comme à regret, en ayant l'air de choisir l'endroit le plus net. A remarquer ici que le corps se porte toujours sur le pied qui est en avant (fig. 17).

Marcher à pas de loup, c'est marcher également sur la

Fig. 18.

pointe du pied, mais avec cette différence que le corps ne se porte sur le pied qui avance que lorsque celui-ci a pris complètement possession du sol. En outre, le regard, au lieu d'examiner le sol, est fixé sur le point vers lequel on se dirige (fig. 18).

Entrer, traverser la scène, pivoter, s'effacer, sortir..., etc., sont autant de mouvements pouvant varier à l'infini et qui ne peuvent être étudiés et déterminés qu'à la mise en scène.

Néanmoins, voici un exercice que nous recommandons. Il

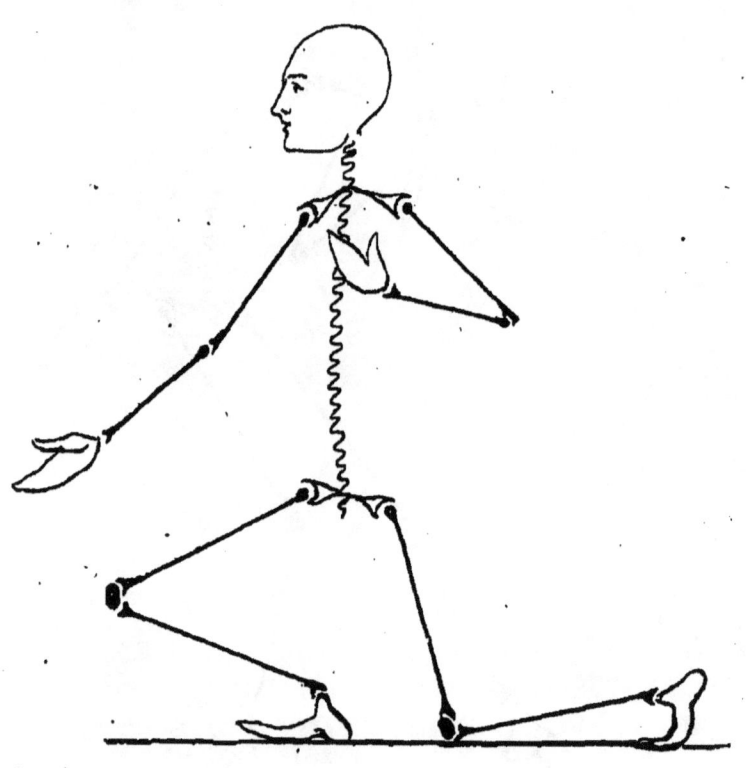

Fig. 19.

a pour but d'apprendre à évoluer en scène et à se diriger avec aisance dans toutes les directions.

Il consiste à saluer successivement tous les meubles qui vous environnent, en allant de l'un à l'autre, mais en vous donnant des problèmes de plus en plus difficiles, jusqu'à ce que vous arriviez enfin à vous diriger avec facilité d'un point déterminé à un autre point diamétralement opposé.

C'est surtout en répétant cet exercice que vous apprécierez l'avantage qu'il y a à ne reposer que sur une seule jambe, cette attitude vous permettant de préparer le départ.

Quant aux mouvements violents tels que : courir, sauter, danser, nous ne pouvons faire ici qu'une seule recommandation, c'est qu'ils doivent être exécutés sur la pointe du pied.

Plier les deux genoux à la fois pour s'agenouiller, c'est, à un certain moment, perdre forcément l'équilibre et frapper le sol avec bruit. Cette manière n'est donc à employer que pour produire un effet comique.

Pour s'agenouiller avec grâce, il faut faire un pas, porter

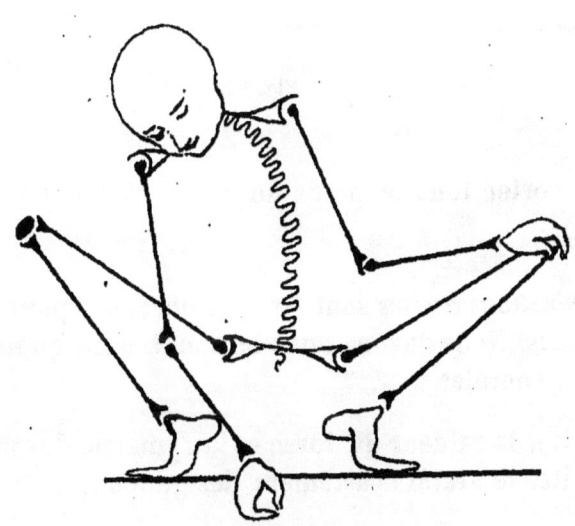

Fig. 20.

tout le corps sur la jambe qui est en avant et l'y maintenir jusqu'au moment où le genou de la jambe qui est resté en arrière aura touché le sol (fig. 19).

Pour ramasser un objet, si vous pliez en même temps les

deux jambes, vous avez fatalement, pendant un instant, une très vilaine posture (fig. 20); surtout pour une femme.

Il faut procéder comme pour l'agenouillement; c'est-à-dire

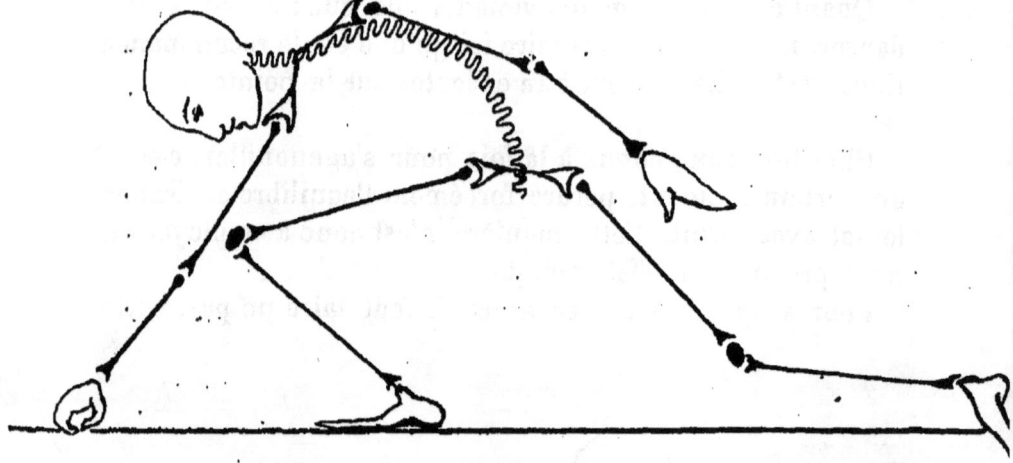

Fig. 21.

laisser porter tout le poids du corps sur la jambe qui plie (fig. 21).

Les positions assises sont trop nombreuses pour être toutes examinées. Nous devons nous borner à faire quelques observations générales.

Éviter la raideur du torse et la symétrie des membres.
Éviter le grand écartement des genoux.

Être assis très droit, les coudes serrés au corps, les genoux sur une même ligne et serrés l'un contre l'autre, c'est exprimer :

La timidité.
L'attente respectueuse.

Et si vous êtes assis sur le bord de votre siège (fig. 22),

vous donnez les mêmes expressions, mais poussées jusqu'au comique.

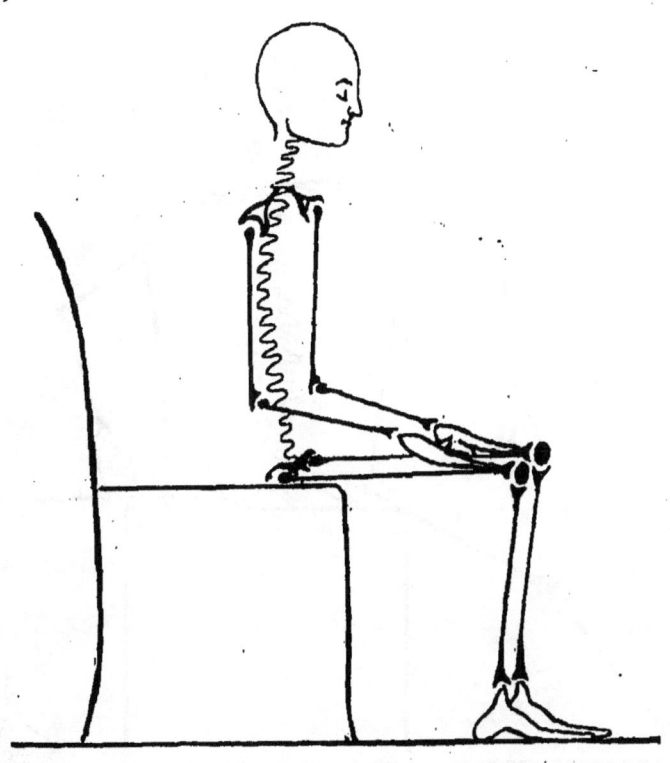

Fig. 22.

Si vous êtes assis, le buste renversé et les jambes très écartées (fig. 23), vous donnez l'impression :

De la vulgarité.   De l'impudence.
Du sans-gêne.

Si vous êtes assis, les jambes écartées, le buste en avant et les coudes appuyés sur vos genoux, vous offrez l'aspect d'un homme grossier, sans éducation.

En somme, ces deux dernières attitudes ne peuvent convenir qu'à des personnages très communs.

Quant *aux saluts*, nous n'en parlerons ici qu'au point de vue des mouvements des jambes, laissant de côté les saluts familiers, discrets, protecteurs, dédaigneux, impertinents..., etc.,

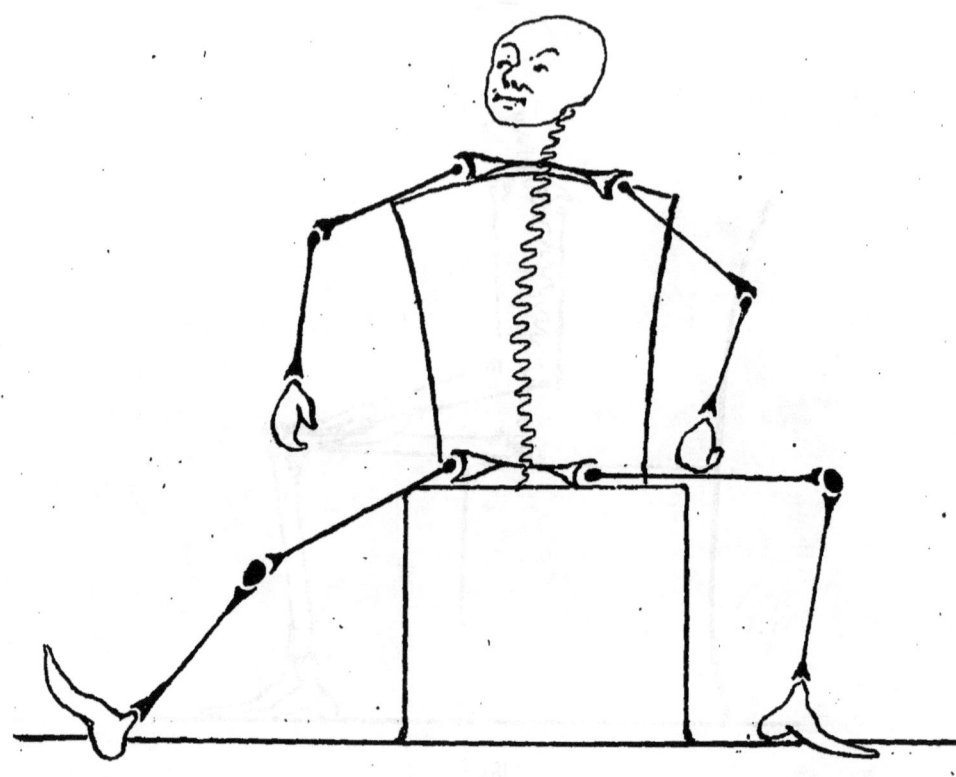

Fig. 23.

qui sont caractérisés précisément par ceci, que les jambes n'y prennent aucune part.

Un salut cérémonieux se compose, pour un homme, d'un mouvement préparatoire et d'un mouvement de salut.

Ayant les pieds sur une même ligne (nous avons déjà vu que cette position signifie le respect), le mouvement préparatoire consiste à écarter un pied de 25 ou 30 centimètres (fig. 24), et de porter tout le corps sur la jambe qui vient de s'éloigner (fig. 25).

Le mouvement de salut consiste simplement à rapprocher le pied resté libre de celui qui supporte le corps, les talons se heurtant légèrement.

L'inclinaison de la tête doit avoir lieu immédiatement après le rapprochement des talons (fig. 26).

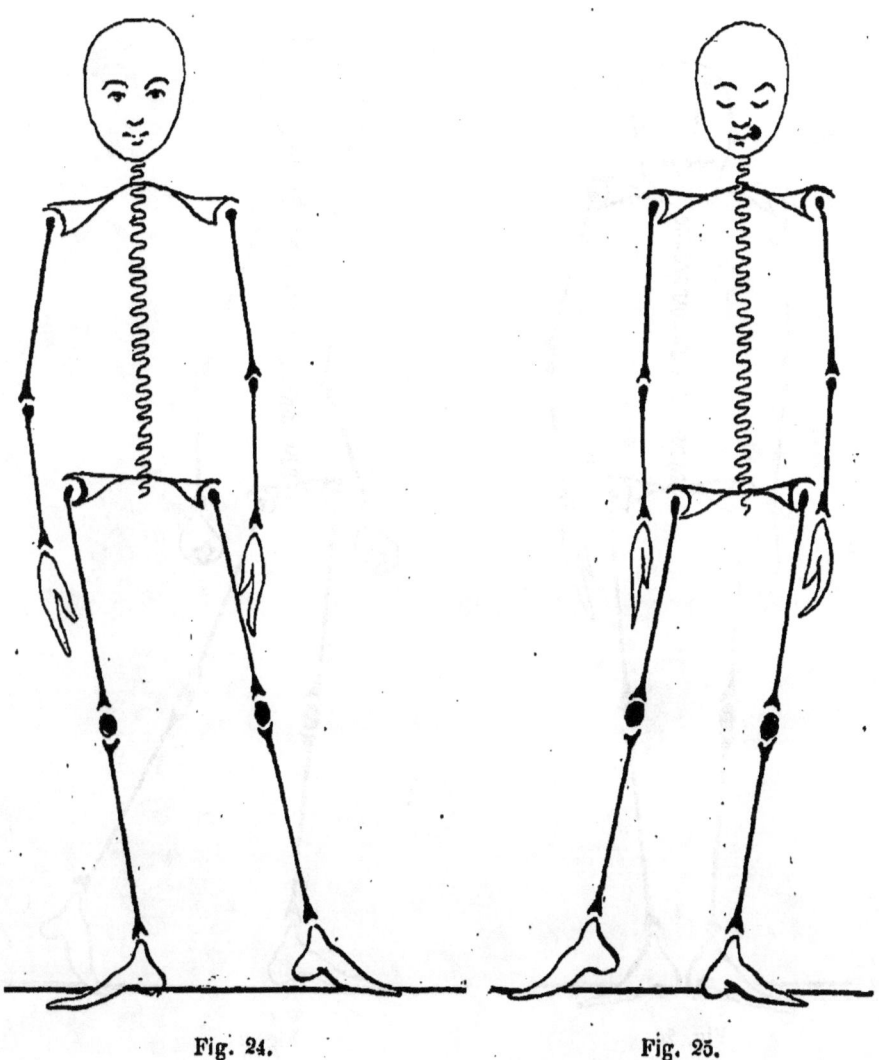

Fig. 24.   Fig. 25.

Le plus ou moins de respect impliqué dans le salut ne dépend que de l'accentuation du mouvement de la tête.

Pour une femme, les mouvements préparatoires sont exactement les mêmes que pour un homme (voyez les fig. 24 et 25).

Les mouvements du salut consistent à faire un pas en arrière de la jambe restée libre (fig. 27); de ramener tout le poids du corps sur cette dernière (fig. 28); de fléchir cette

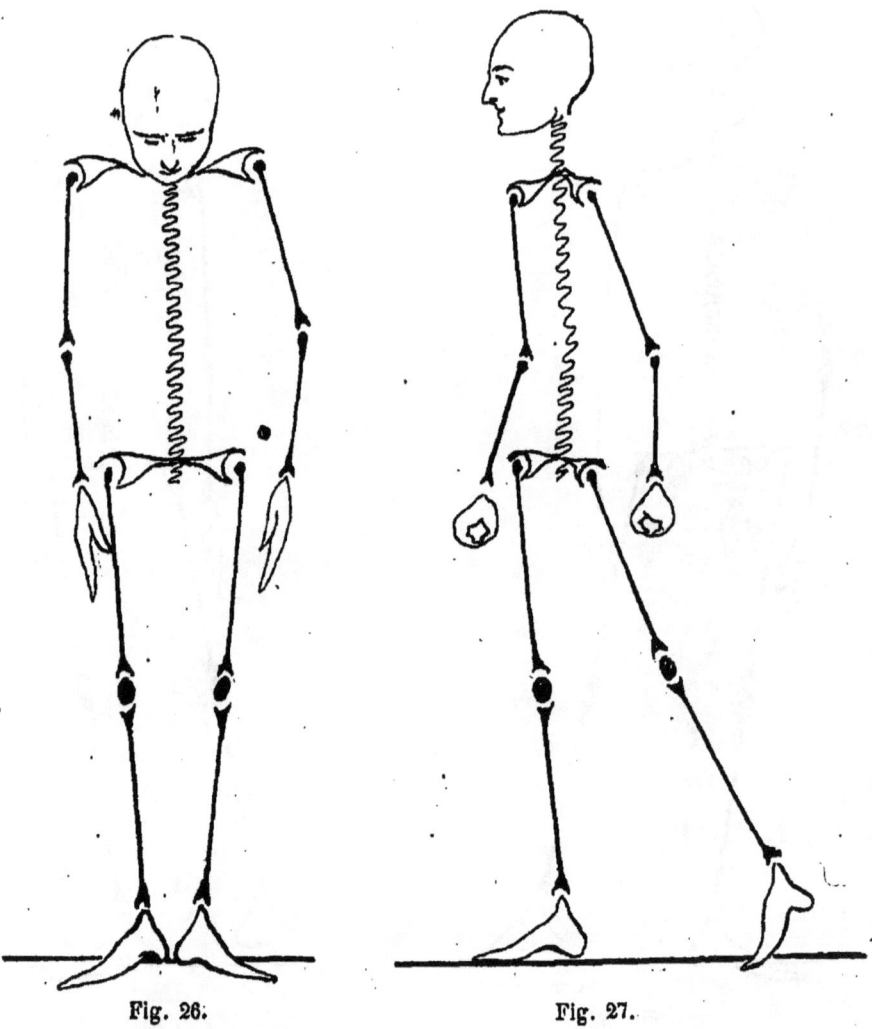

Fig. 26. Fig. 27.

jambe (fig. 29), et enfin, de se redresser en ramenant le pied qui était resté en avant.

Le buste et la tête doivent rester droits.

Le degré de respect est exprimé par la flexion plus ou moins prononcée de la jambe qui supporte le corps.

A observer que dans le salut de l'homme, le corps se

déplace une fois ; dans le salut de la femme, le corps se déplace deux fois.

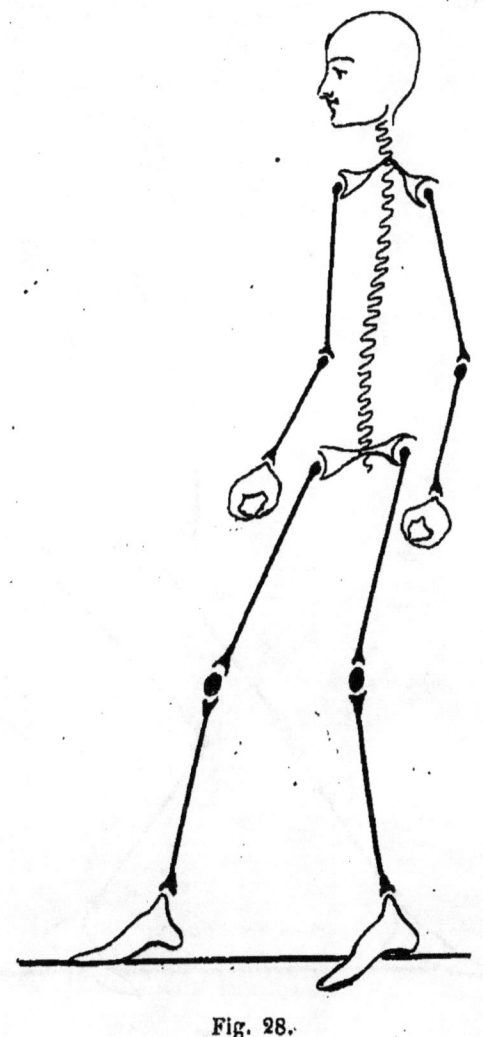

Fig. 28.

Une femme ne doit incliner la tête et le buste que lorsqu'elle salue étant assise.

Toutefois, étant debout, elle peut faire certains saluts de la tête et du buste ; mais alors les jambes ne bougent point.

Un salut comique s'exécute par une série de coups de pieds

en arrière, en frottant énergiquement le sol, chaque coup de pied alternant avec un violent mouvement de la tête et du torse.

C'est le salut du paysan.

Une femme de la campagne peut l'employer aussi.

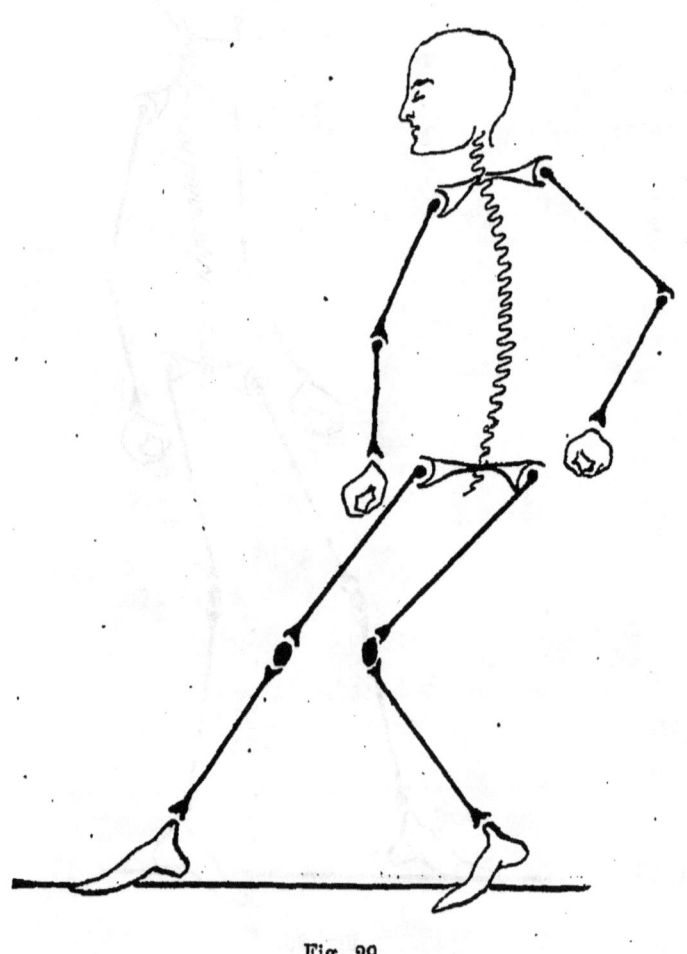

Fig. 29.

Pourtant, si elle est jeune et gentille, il est préférable qu'elle fasse le salut de la soubrette qui s'exécute ainsi :

Premier temps : la jambe gauche portée en arrière, tout le poids du corps restant sur la jambe droite, fléchissement des deux jambes en même temps ;

Deuxième temps : les jambes se redressent et le pied gauche revient à sa première position, près du pied droit.

Le tout en deux mouvement très vifs.

Le buste et la tête restent droits.

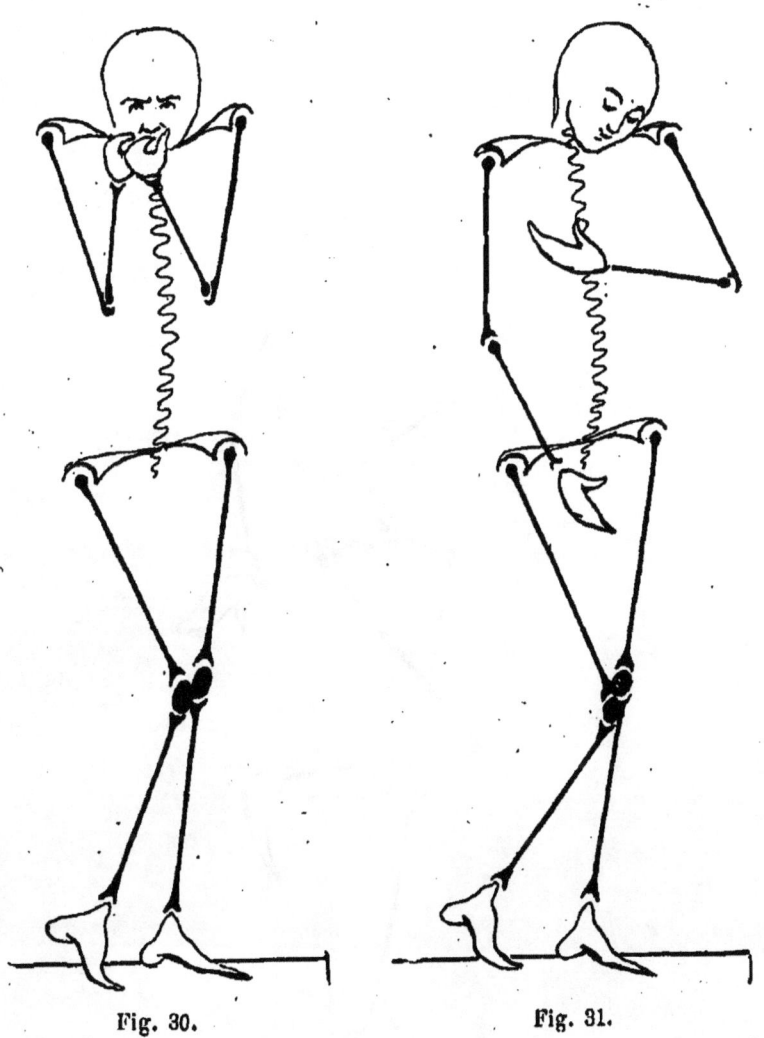

Fig. 30.   Fig. 31.

A remarquer que pendant tout le salut, le poids du corps est resté sur la même jambe.

Les jambes peuvent encore exécuter quelques mouvements qui sont fort expressifs; les voici :

Les deux jambes très serrées, un genou recouvrant l'autre à moitié (fig. 30) complètent des attitudes exprimant :

Toutes les souffrances physiques.	La honte.
Plus particulièrement le froid.	L'humilité.

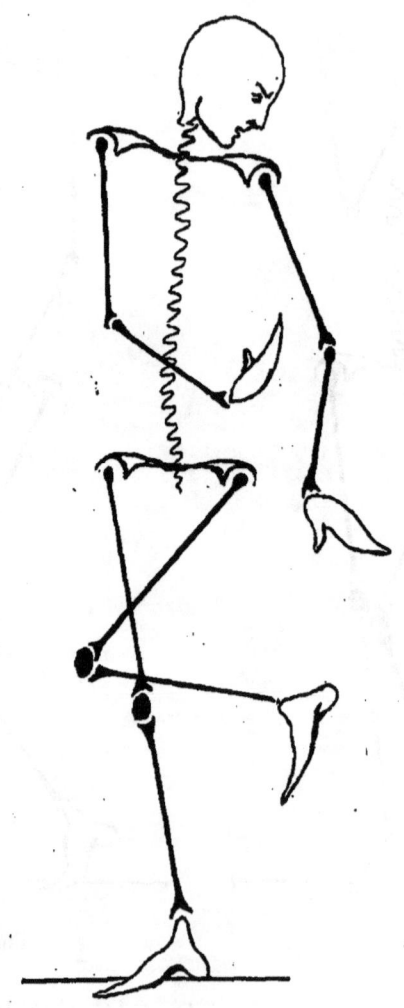

Fig. 32.

La même attitude, avec les jambes moins serrées, est un mouvement de pudeur (fig. 31).

La même attitude, une jambe levée, recouvrant l'autre (fig. 32), exprime :

La crainte d'un chien.
D'un coup porté bas.
D'un danger venant d'en bas.

Du pied.

L'action de s'essuyer les pieds exprime, par suggestion :

Il pleut.   Il y a de la boue.
Je suis trempé.   Il fait un temps affreux.

Tapoter du pied signifie :

Impatience.   Il ne viendra donc pas ?
Irritation.   Cela ne finira donc pas ?

Frapper du pied complète les expressions suivantes :

J'affirme.   Je suis furieux.
Je veux.   Il est tombé.
Je prends.   Toutes les interjections.
J'écrase.

Avancer un pied, puis le retirer. Significations :

J'hésite.   Je crains.
Je n'ose.

Du torse.

Le torse courbé (fig. 33) concourt à exprimer :

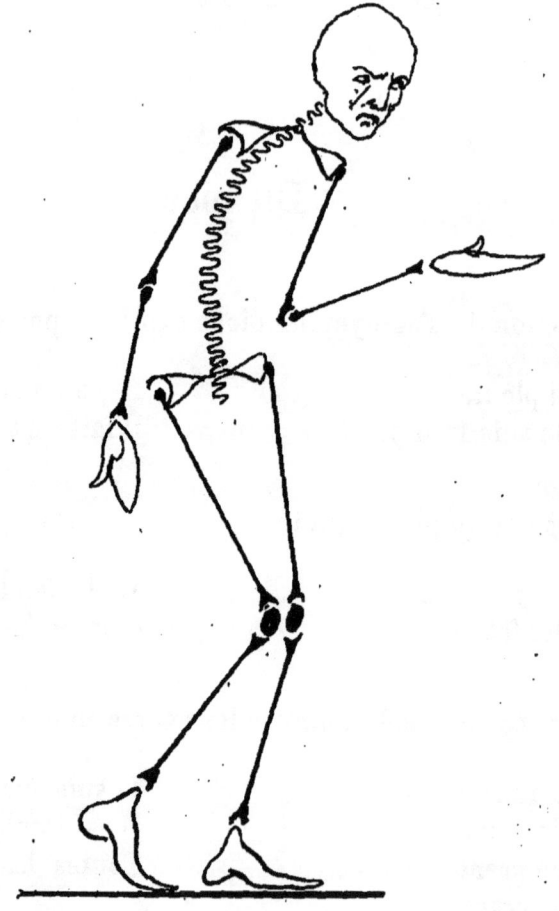

Fig. 33.

Timidité.
Doute de soi.
Humilité.
Hypocrisie.
Honte.
Remords.

Préméditation.
Dissimulation.
Appréhension.
Terreur.
Vieillesse.
Souffrance physiqu

Le torse renversé (fig. 34) :

    Bien-être.   Orgueil.
    Sécurité.   Domination.
    Fatuité.   Volonté.
    Morgue.   Défi.
    Insolence.   Révolte.

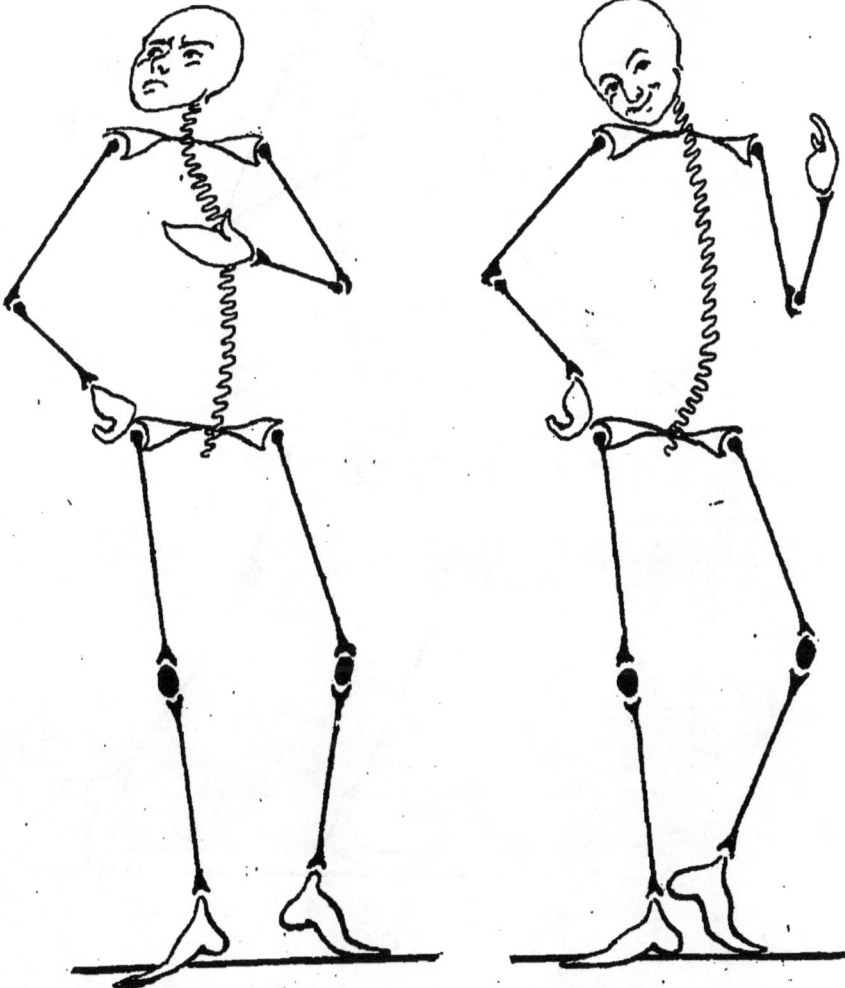

Fig. 34.   Fig. 35.

Le torse incliné à gauche ou à droite (fig. 35) :

    Complaisance.   Coquetterie.
    Déférence.   Désir de plaire.

L'ART MIMIQUE.

Le torse tourné (fig. 36) :

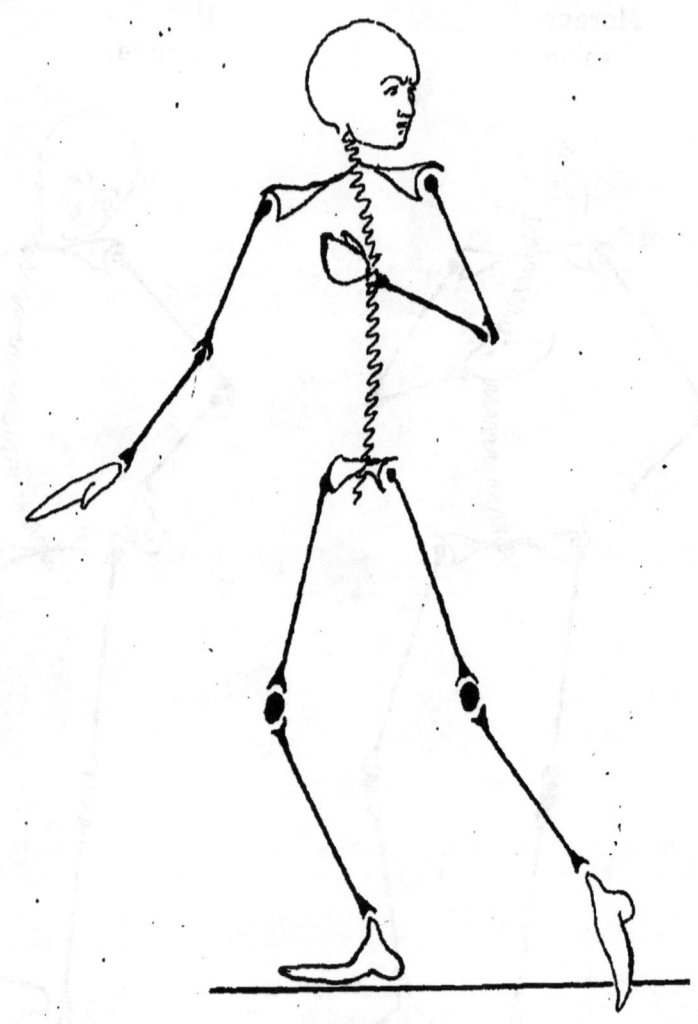

Fig. 36.

Attention.   Méfiance.
Prudence.   Crainte.

Du ventre.

Nous n'avons pas à nous occuper des dimensions du ventre, mais seulement de ses moyens d'expression, et l'on aurait tort de croire que les plus gros sont les plus éloquents. C'est plutôt le contraire.

Ce n'est que par la manière de porter son ventre qu'on peut lui faire exprimer quelque chose.

Il n'y a que deux manières :

    Poussé en avant.
    Rentré.

Le ventre poussé en avant, étalé avec une sorte de complaisance, complète très heureusement les expressions signifiées par le torse renversé (voyez fig. 34).

Le ventre rentré donne plus d'intensité aux expressions signifiées par le torse courbé (voyez fig. 33).

Un comédien aurait le plus grand tort de négliger ces deux mouvements dont il peut tirer des effets rapides, très caractéristiques.

D'ailleurs, au théâtre, rien n'échappe à l'œil du public ; tout mouvement logique, si petit soit-il, est immédiatement saisi, compris et apprécié.

Des épaules.

Effacées, faisant saillir la poitrine : ce mouvement complète et accentue les expressions du torse renversé et du ventre proéminent (voyez fig. 34).

Portées en avant, faisant rentrer la poitrine : complément du torse courbé et du ventre rentré (voyez fig. 33).

Les épaules portées en avant et surélevées, la tête s'enfonçant (fig. 37) :

Ce mouvement est l'un des plus expressifs et des plus fréquemment utilisables qu'il y ait dans la mimique. Il concourt à exprimer depuis les sentiments les plus doux jusqu'aux émotions les plus extrêmes et les plus diverses.

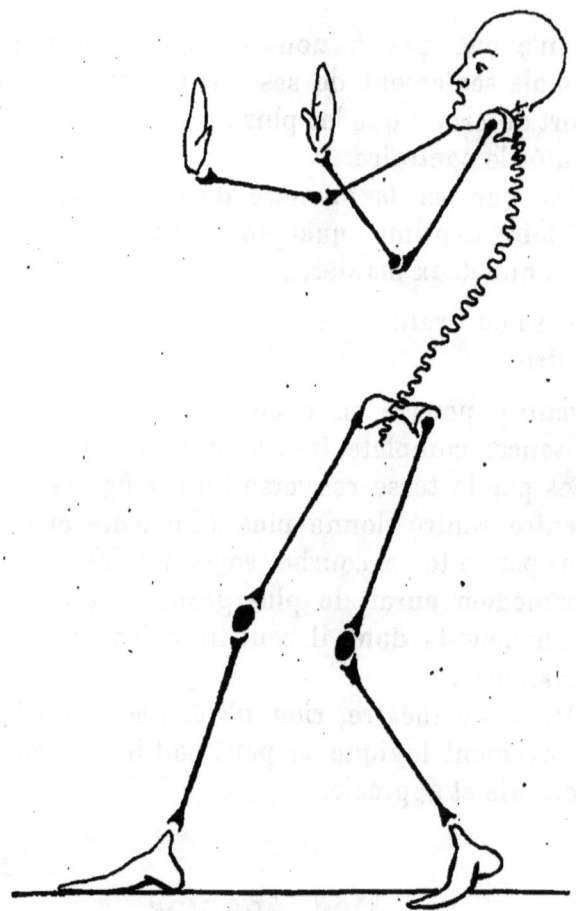

Fig. 37.

Nous pensons qu'il signifie surtout l'excès dans la sensation, quelle que soit la nature de la sensation.

L'admiration.
L'extase.
Le désir.
L'amour.
La prière.
L'extrême jouissance.
L'extrême souffrance.

Le ravissement.
Le désespoir.
La honte.
La fureur.
La stupéfaction.
L'épouvante.

L'élévation rapide, d'une ou des deux épaules, concourt à exprimer :

Allons donc !
Quelle plaisanterie !
Quelle bêtise !
C'est absurde !
Invraisemblable.
Dénigrement et moquerie.

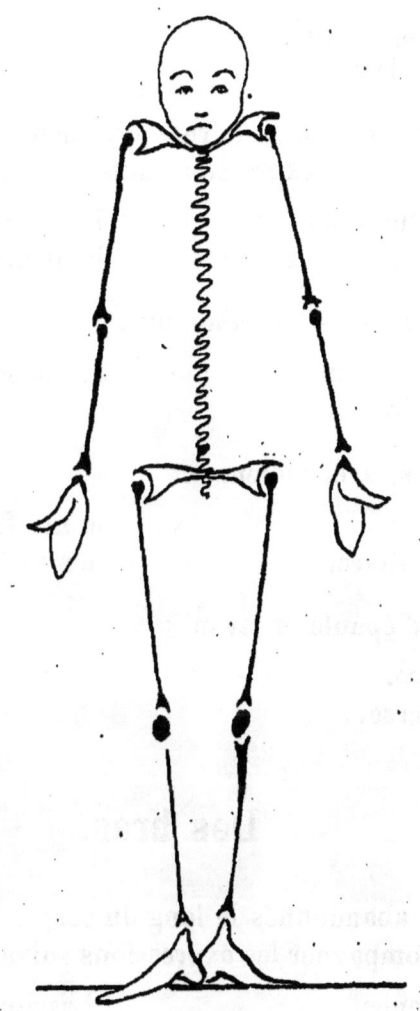

Fig. 38.

Le même mouvement, plus lent, exprime :

Cela me fait pitié.
Je ne daigne pas répondre.

Les épaules, très élevées et soutenues un instant (fig. 38), donnent les expressions suivantes :

    Je doute !   Peut-être.
    J'ignore.   C'est possible.

Les épaules élevées et arrondies :

    Que c'est lourd !
    Quel fardeau !

Légers mouvements alternés des deux épaules, en avant et en arrière, avec expression mutine d'enfant gâté :

    Non, je ne veux pas.   Je boude.
    Je ne veux rien savoir.   Je m'entête.

Les mêmes, mais très alanguis :

    Je ne sais ce que j'ai.   Je me sens tout drôle.
    Je suis énervé.

Les mêmes, avec violence :

    Je lutte.   Je me fraie un passage.
    Je me délivre.   Je me décharge d'un joug.

Un coup d'épaule en avant :

    J'enfonce.
    Je renverse.

Des bras.

Pendants, abandonnés le long du corps. Position naturelle pouvant accompagner les expressions suivantes :

    Indifférence.   Lassitude.
    Repos.   Accablement.

Ballants :

    Insouciance.   Laisser-aller.
    Étourderie.

Écartés du corps. Position ridicule, accompagnant bien la position analogue des jambes (voyez fig. 9).

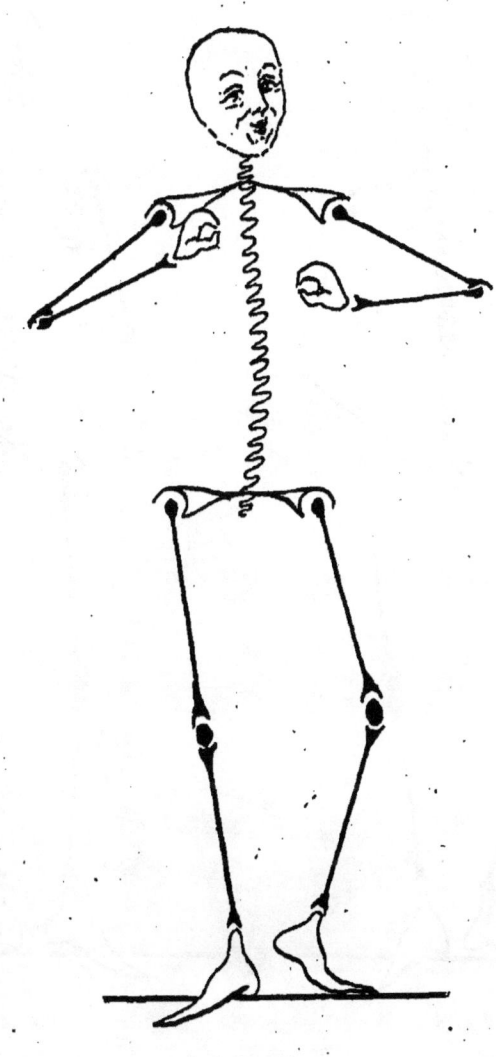

Fig. 39.

L'avant-bras relevé, les coudes en dehors (fig. 39) :

Maniérisme. Fatuité comique.
Affectation. Désir de paraître gracieux.

Reposant sur les hanches (fig. 40) :

Position d'attente, recommandable surtout pour les femmes.

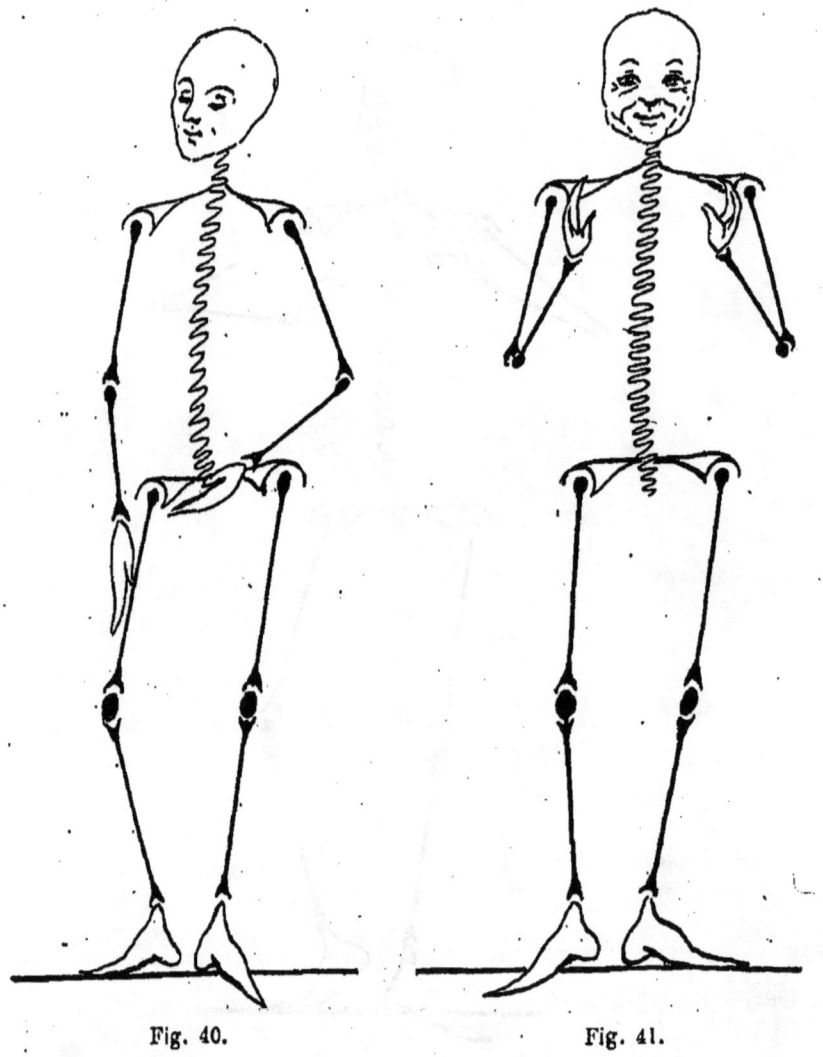

Fig. 40.   Fig. 41.

Les pouces dans les entournures du gilet (fig. 41) :

| Assurance. | Indépendance. |
| Contentement de soi-même. | Humeur gaie. |

Un poing sur la hanche (voyez fig. 11) :

Pour être harmonieuse et logique, cette position exige que

ce soit le poing droit si le corps repose sur la jambe droite.
Expressions :

    D'attente.   D'indifférence.

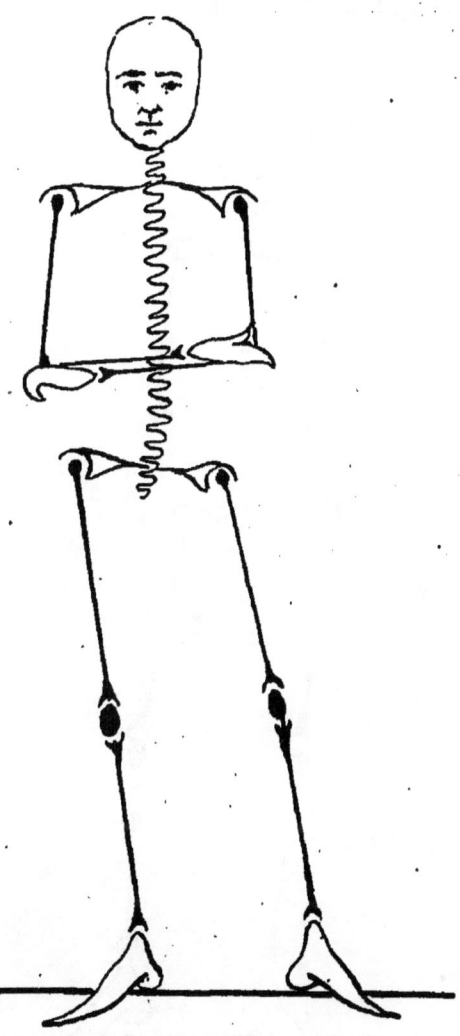

Fig. 42.

Même contenance avec un renversement de la tête plus ou moins accentué. Expressions :

    De suffisance.   De défi.
    D'arrogance.   De bravade.

En principe, le repos du poing sur la hanche doit avoir lieu du côté opposé à l'action.

A noter cependant que l'infraction à cette règle donne, par opposition, plus de force à l'expression du dédain et de l'insolence (voyez fig. 34).

Les deux poings sur les hanches, quelle que soit la jambe

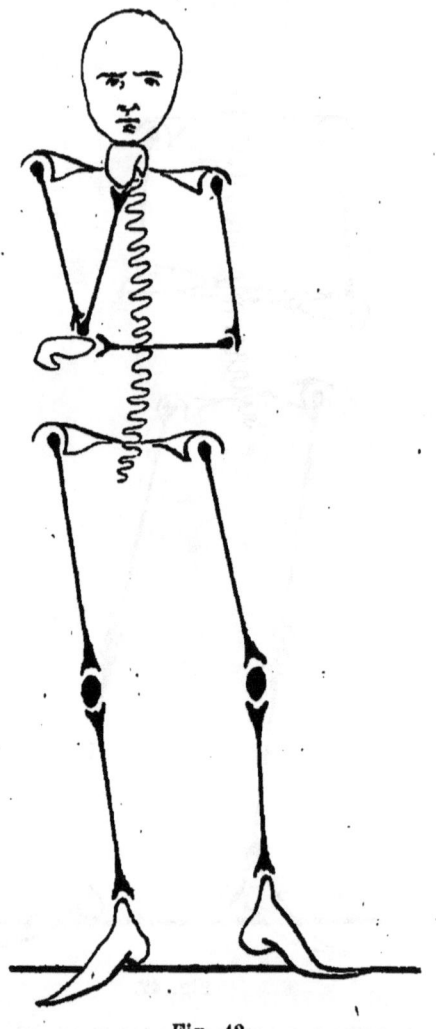

Fig. 43.

sur laquelle on repose : mêmes expressions que pour les attitudes précédentes; mais moins heureuses, à cause de la symétrie.

Les deux bras posés sur la poitrine, l'un soutenant l'autre (fig. 42) : Position d'attente. Réflexions.

Un bras sur la poitrine, servant de support à l'autre bras qui soutient le menton (fig. 43) :

Préoccupation.
Effort intellectuel.

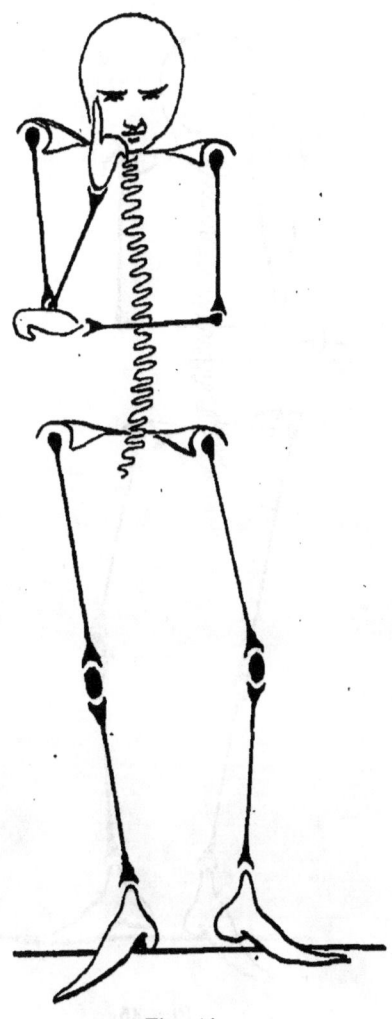

Fig. 44.

Même position des bras, une main soutenant la joue, l'index allongé sur la tempe (fig. 44) :

Méditation profonde.   Perplexités.
Problème difficile à résoudre.

Même position, la main ouverte soutenant la tête (fig. 45) :

Angoisse.
Embarras extrême.

Tempête sous un crâne.
Tortures morales.

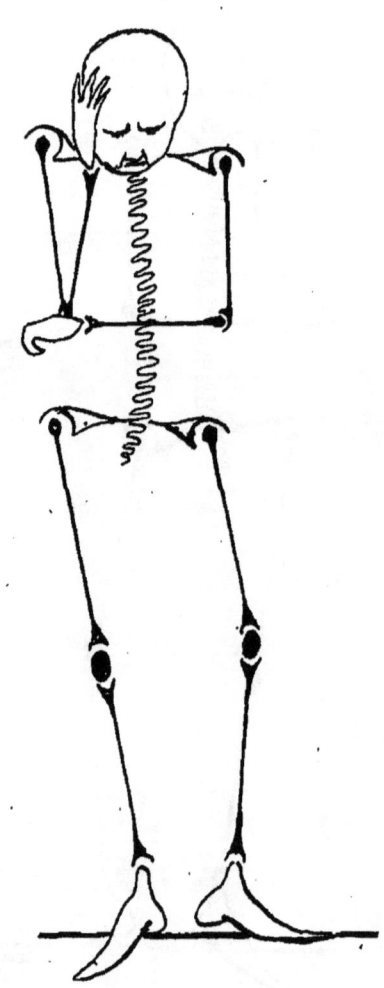

Fig. 45.

A remarquer que cette série d'attitudes graduées tire surtout son éloquence de l'inclinaison progressive de la tête qui paraît s'alourdir sous le poids quasi matériel d'un sentiment, d'inquiétude de plus en plus grave.

Une main enserrant la tête un peu renversée, l'autre bras allongé, s'éloignant un peu du corps (fig. 46) :

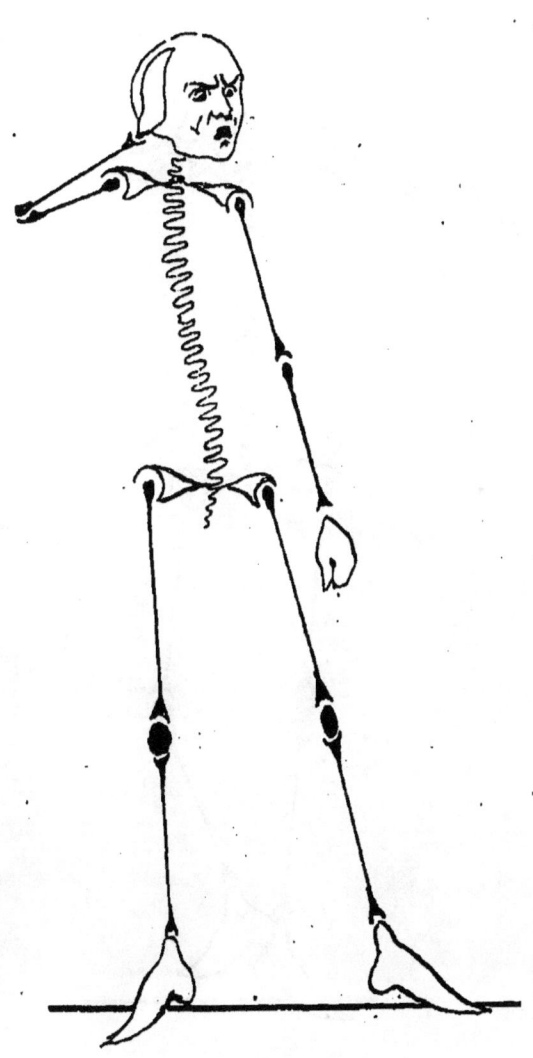

Fig. 46.

Que faire ?   C'est à devenir fou !
Que devenir ?   Tout est perdu !
Ma tête éclate !   Désespoir.

Les deux mains enserrant la tête (fig. 47) :

Mêmes expressions que les précédentes, mais beaucoup plus accentuées.

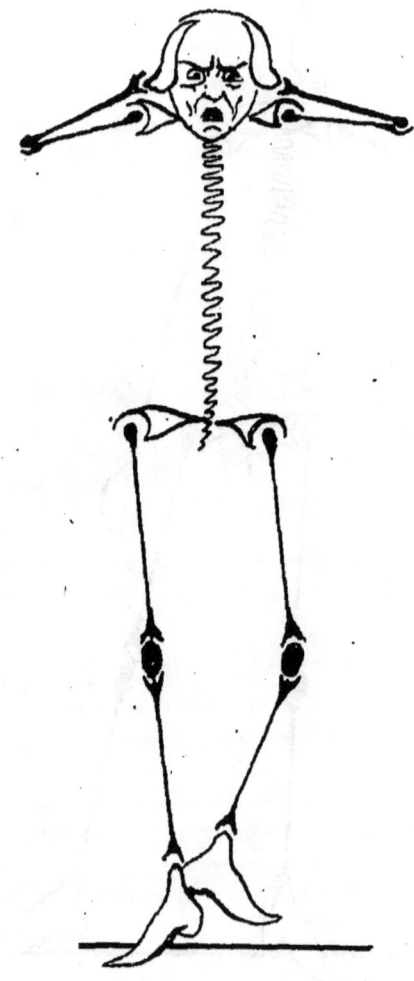

Fig. 47.

Les deux mains ouvertes ou fermées comprimant les tempes, la tête très renversée (fig. 48) :

Les mêmes expressions portées à leur maximum d'intensité.

Les bras croisés sur la poitrine.
Cette position ne signifie véritablement que :

Inaction momentanée.
Confiance en soi.

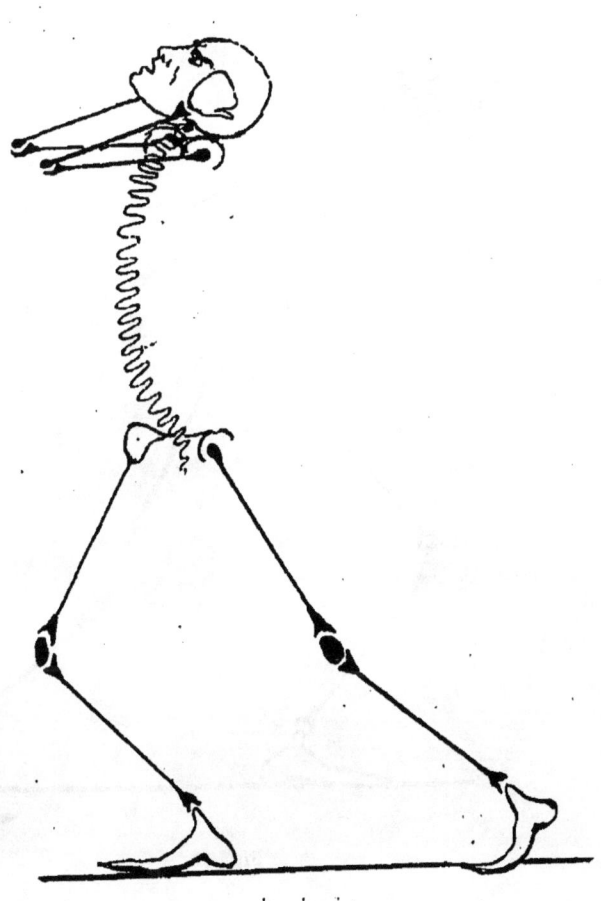

Fig. 48.

Néanmoins, dans certains cas, elle peut signifier :

Dédaigner un danger.
Braver une menace.

Pendants et serrés au corps : cette position complète l'attitude des jambes rapprochées sur une même ligne (voyez fig. 8).

Repliés et serrés au corps : ce mouvement sert à compléter les expressions esquissées par les jambes serrées, un genou recouvrant l'autre (voyez les fig. 30 et 33).

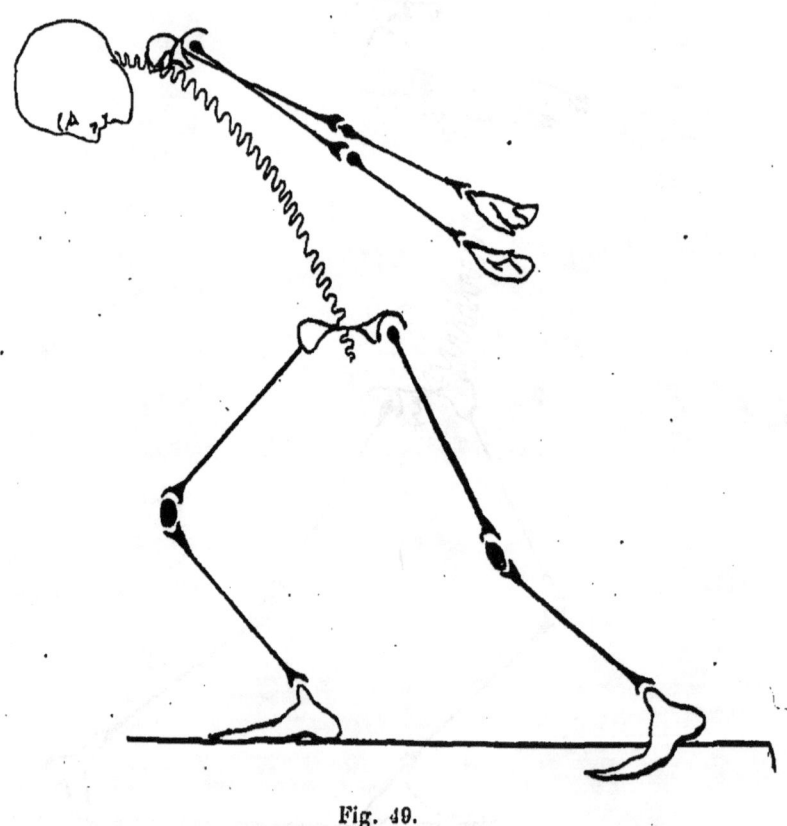

Fig. 49.

Réunis par les mains sur le dos :

    Sentiment de sécurité.
    Être comme chez soi.

Les mains dans les poches n'expriment qu'une chose :

Qu'on se permet une tenue inconvenante.

Étendus en arrière, une jambe et le haut du corps portés en avant (fig. 49) :

Tirer.   Traîner.

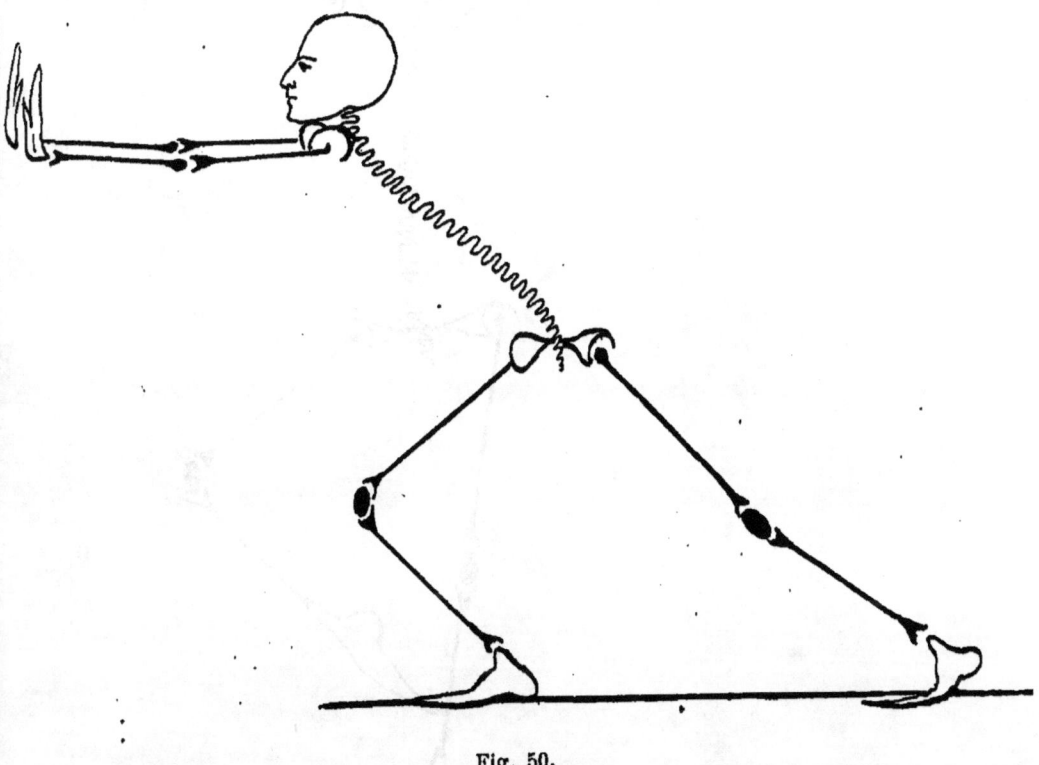

Fig. 50.

Placés en avant, même position des jambes et du corps (fig. 50) :

Pousser.   Faire reculer.
Repousser.

En guirlande, au-dessus de la tête (fig. 51) :

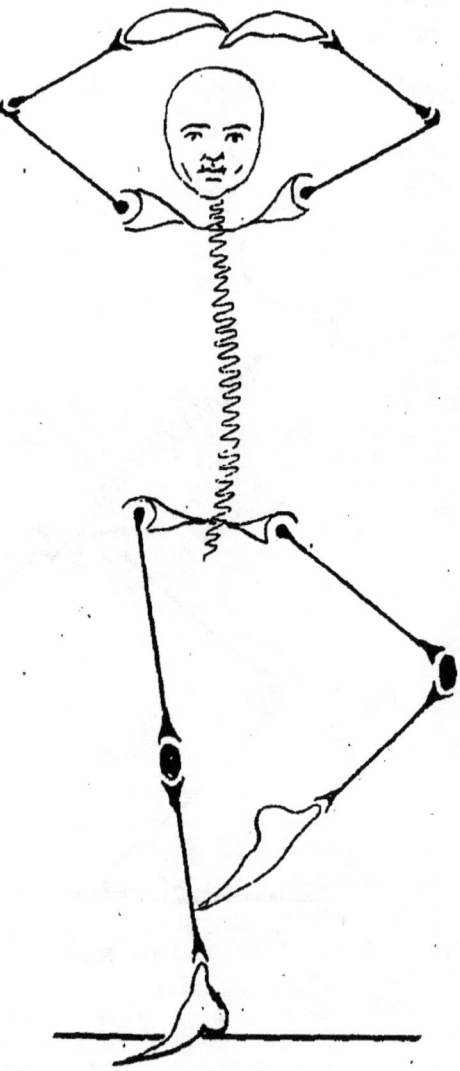

Fig. 51.

Danser.

Que la fête commence.

Un des bras arrondi et présenté de côté (fig. 52) :

Offrir son bras.

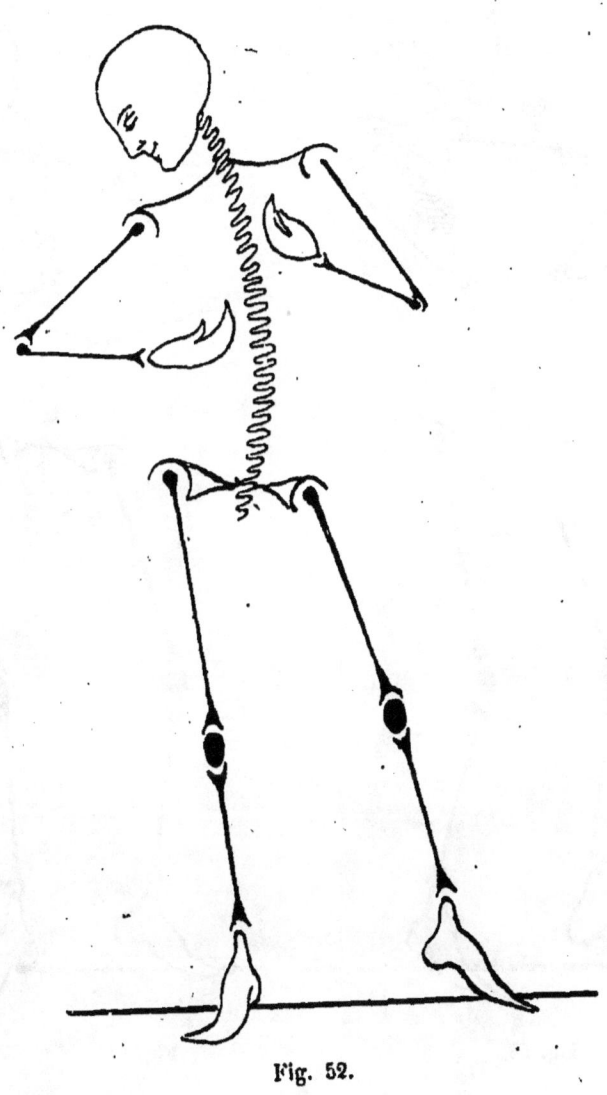

Fig. 52.

En corbeille, devant soi (fig. 53) :

Porter une brassée.

Même position, plus près du corps, un coude plus élevé que l'autre (fig. 54) :

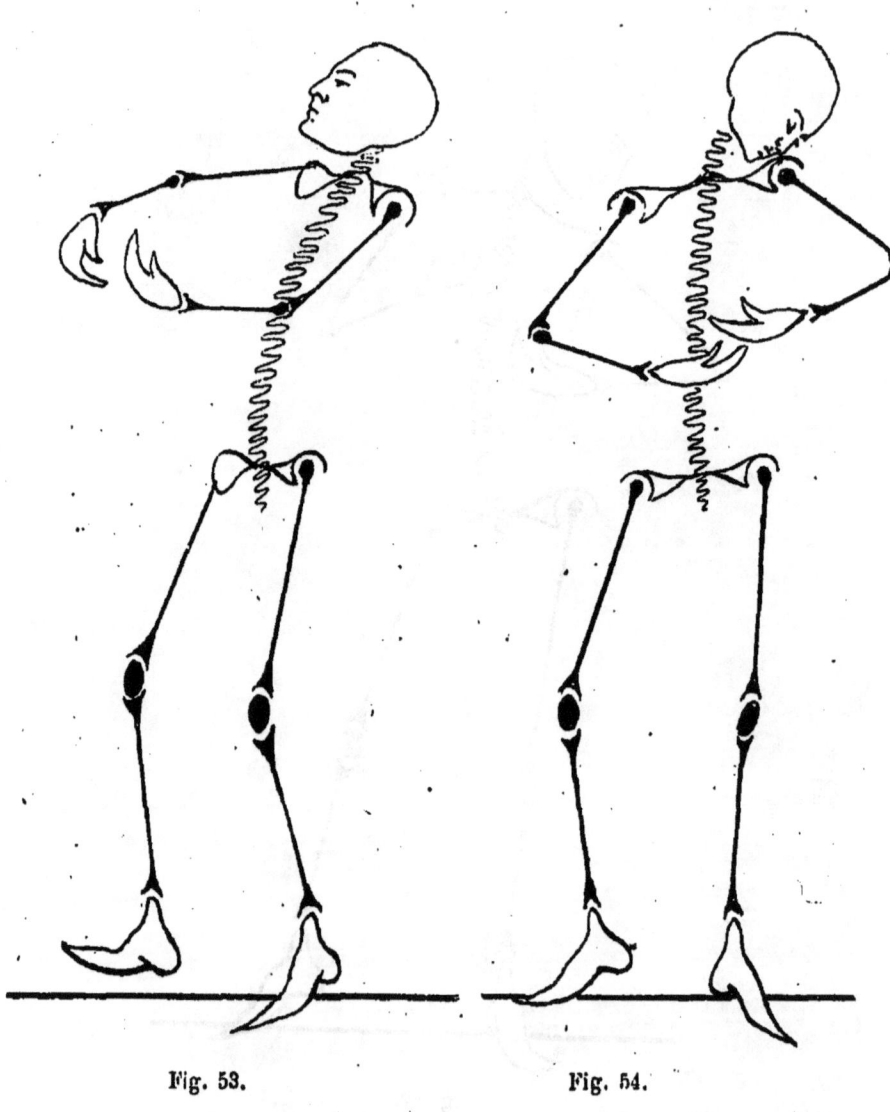

Fig. 53.   Fig. 54.

Tenir un enfant dans ses bras.
Et par suggestion :
Un enfant.
Une mère.

Un bras arrondi à la hauteur de la tête (fig. 55) :
Menacer quelqu'un d'un revers de main.

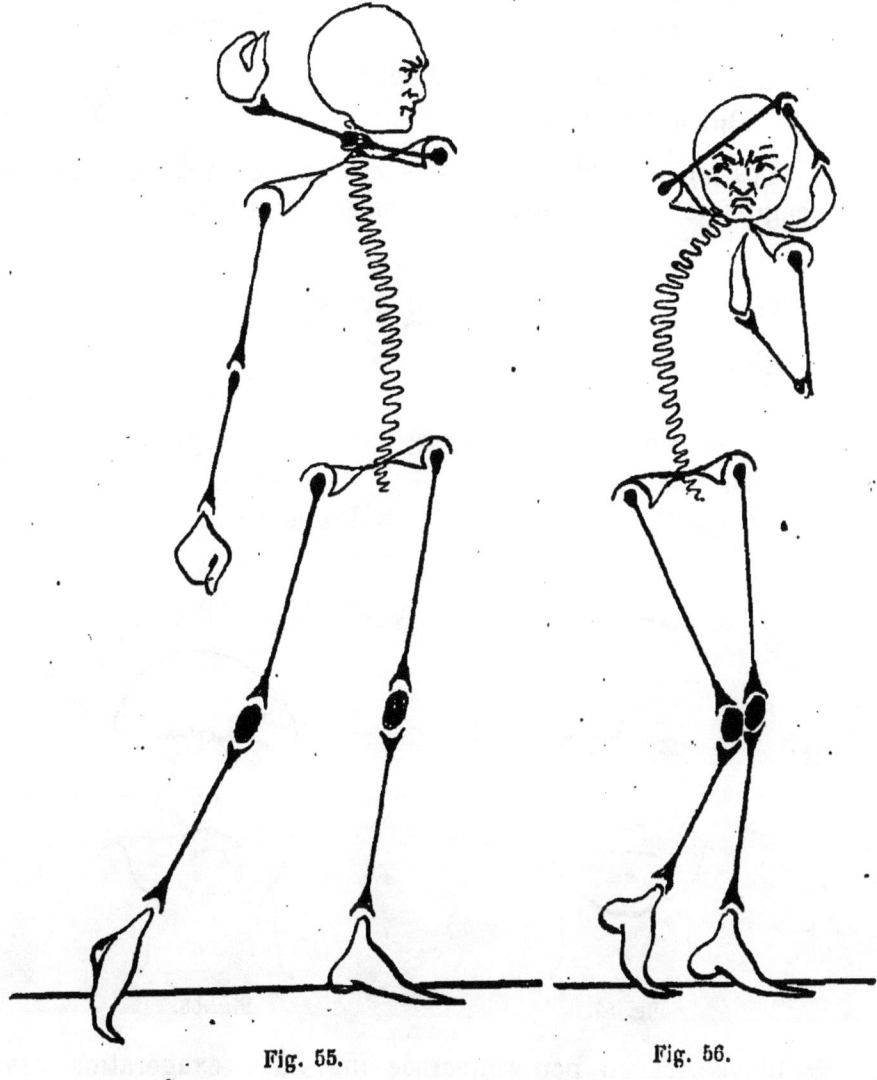

Fig. 55.   Fig. 56.

L'avant-bras porté horizontalement à la hauteur des sourcils, le regard passant dessous (fig. 56) :

    Crainte d'un coup à la tête.   Honté.
    Confusion.

Un bras replié, le coude violemment projeté en arrière :
    Laissez-moi donc tranquille.   Lâchez-moi le coude.

Le même mouvement exécuté alternativement par les deux bras :

    J'ai joué des coudes.   Je me suis délivré.
    Je me suis frayé un passage.   Débarrassé.

Les coudes battant comme des ailes :

    Qui a des ailes.

Les autres mouvements des bras ne servant qu'à accompagner les mains, nous n'en parlerons pas ici.

De la tête.

Élevée (fig. 57).

Ce mouvement concourt à exprimer toutes les nuances du sentiment juste ou exagéré qu'on a de sa propre valeur :

    Dignité.   Assurance.
    Orgueil.   Bravoure.
    Volonté.

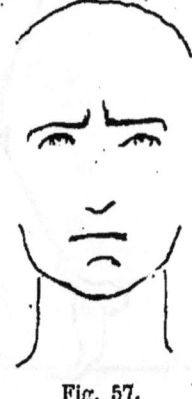

Fig. 57.   Fig. 58.

Élevée et un peu renversée (fig. 58) : exagération des expressions précédentes, et en outre :

    Fatuité.   Révolte.
    Morgue.   Autorité.
    Insolence.   Sévérité.
    Défi.   Intrépidité.

Ce mouvement complète l'attitude de la figure 34.

Plus renversée, avec abandon et les yeux fermés (fig. 59) :
  Faiblesse.   Évanouissement.
  Défaillance.   Souffrance.

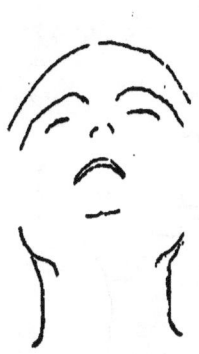

Fig. 59.

Fig. 60.

Penchée en avant et très penchée (voyez les figures 43, 44 et 45) :
  Inclinées sur l'épaule (fig. 60) :
    Grâce.   Désir de plaire.
    Coquetterie.   Mignardise.
  Très inclinée :
    Sommeil.   Abandon.

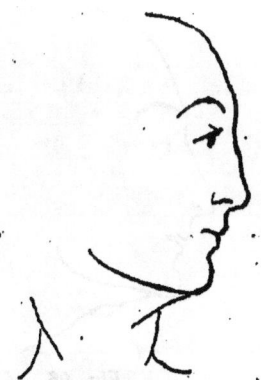

Fig. 61.

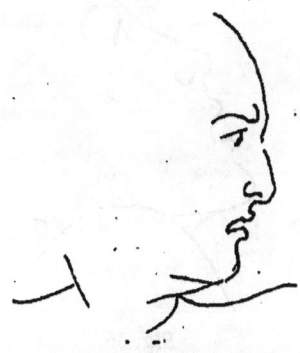

Fig. 62.

Tournée (fig. 61) :
  Attention.   Observation.

Le même, les épaules surélevées (fig. 62) :
  Méfiance.   Crainte.
  Appréhension.   Terreur.

Fig. 63.   Fig. 64.

Tournée et renversée (fig. 63) :
  Hauteur.   Bravade.
  Insolence.   Défi.

Droite et enfoncée (voyez les figures 37 et 38) :
Enfoncée et penchée en avant (fig. 64) :
  Égarement.   Préparation à la lutte.
  Sensation de la bête aux abois. Férocité.

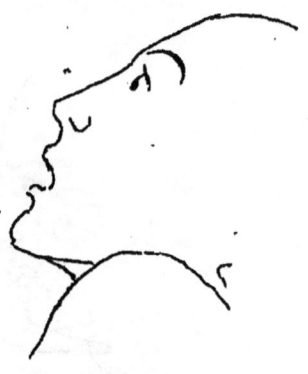 

Fig. 65.   Fig. 66.

Enfoncée et renversée (fig. 65) :
  Stupéfaction.   Vision terrifiante.
  Épouvante.

Droite et portée en avant (fig. 66) :

Nous recommandons tout particulièrement l'étude de ce mouvement, qui est des plus expressifs. Il sert à peindre depuis le plus léger sentiment de politesse jusqu'aux plus violentes passions.

Il complète d'ailleurs, en les accentuant, presque toutes les expressions esquissées par la surélévation des épaules (voyez fig. 37) :

En outre, ce mouvement indique toujours un désir, une volonté.

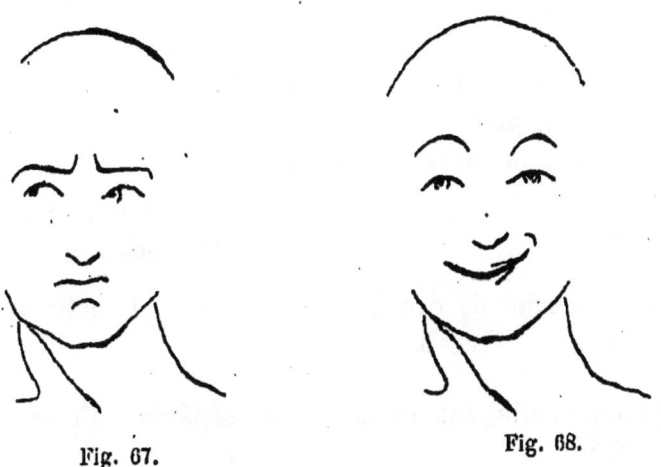

Fig. 67.   Fig. 68.

Droite, de face, portée de côté (fig. 67) :
    Écouter.

Avec un simple changement dans la direction du regard (fig. 68) :
    Entendre.

Droite et rejetée en arrière (fig. 69) :

    Vexation.   Répulsion.
    Mépris.   Horreur.
    Dégoût.

Fig. 69.

Expressions parlantes :
Léger mouvement en avant :

Oui.
Salut familier.
Ou impertinent.
Ou d'entente.

Inclinaison accentuée, entraînant le buste :

Acquiescement.
Salut cérémonieux.

Inclinaison sur l'épaule :

Consentement.
Salut amical.

Le même mouvement, plus lent, entraînant le buste, donne avec plus de gravité les mêmes expressions.
Légers mouvements répétés, en avant :

Oui, oui.
Très bien.
Encouragement.
Approbation.

Tournement de droite à gauche et de gauche à droite :
Non.

Hochements, ou inclinaisons répétées d'une épaule à l'autre :

Quel malheur!
Que c'est triste!
Désolation!
Désapprobation.

Les mêmes, la tête renversée :

Que c'est beau!
Enthousiasme!
Extase.
Délire.

Mouvement lent de bas en haut et de haut en bas, entraînant les épaules, en suivant le jeu de la respiration :
Hélas!

EXAMEN DÉTAILLÉ
DES MUSCLES DU VISAGE

Des joues.

Très rentrées (fig. 70) :

    Maigreur.   Misère.   Maladie.

Un peu moins rentrées, mais avec allongement du visage (fig. 71) :

    Être penaud.   Tourné en ridicule.
    Pris au piège.   Avoir perdu.

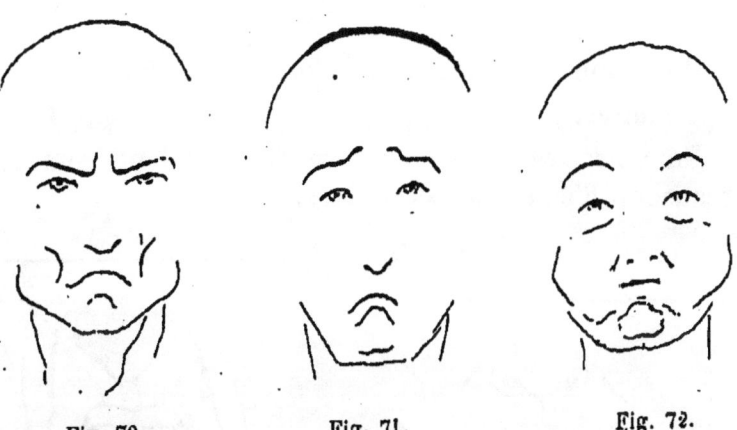

Fig. 70.   Fig. 71.   Fig. 72.

Gonflées (fig. 72) :

    Gros, gras, joufflu.   Prospérité.
    Bien portant.   Importance comique.

Les mêmes, en mâchant :

    Avoir la bouche pleine.   Être gourmand.

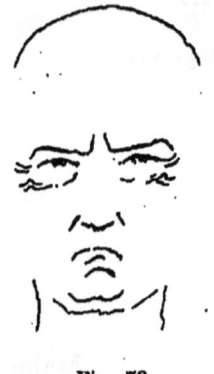

Fig. 73.

Remontées aux pommettes et plissant sous les yeux (fig. 73) :

Dénigrement.
Mécontentement.
Méfiance.
Ceci est mauvais.
Vous me faites de la peine.
Je suis désillusionné.
Cela tourne mal.
Critique amère.

A remarquer que ce mouvement des joues est le commencement de l'action de pleurer.

Du nez.

Dilatation des narines (fig. 74) :
Flairer.

En outre, ce mouvement se fait involontairement dans beaucoup d'émotions excessives.

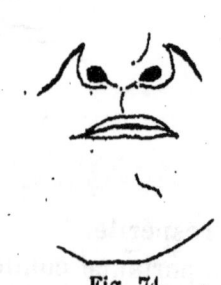

Fig. 74.

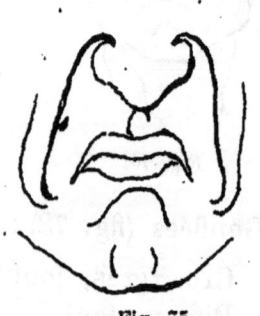

Fig. 75.

Retroussement des ailes du nez (fig. 75) :

Cela sent mauvais. Je vous méprise.
Mes affaires vont mal. Fi, fi, c'est ignoble !
Je flaire un piège. C'est dégoûtant.
Il faut se méfier. Toutes les injures.

A remarquer que le dégoût physique provoqué par une mauvaise odeur et le dégoût moral causé par un fait quelconque se manifestent de la même manière.

De la langue.

Épaisse, hors de la bouche :
  Être pendu.

Tirée rapidement :
  Gaminerie.

Faisant le tour des lèvres :
  Gourmandise.
  Tentation.

Posée sur un coin de la bouche et mordue :
  Application comique.

Des mâchoires.

Mouvements mesurés :
  Mâcher.

Petits mouvements vifs, les dents de devant se rencontrant, et les lèvres retroussées :
  Grignoter.

Et par suggestion :
  Une souris.
  Un rongeur.

S'ouvrant et se refermant avec force :
  Mordre.

S'entre-choquant, les lèvres entr'ouvertes :
  Avoir froid.
  Grelotter.

Dents serrées, lèvres retroussées, violents mouvements de la tête :
　Déchirer une proie.

Découvrir les dents en retroussant les lèvres, et les indiquer du doigt :
　Les dents.

Les lèvres fermées et rentrées, agiter les mâchoires dans le vide :
　Il n'a plus de dents.

Les mâchoires serrées avec force, les lèvres s'étirant en un rictus :
　Colère.
　Désir de vengeance.

Primitivement, sans doute :
　Désir de mordre.

Les mâchoires ouvertes, les lèvres fortement retroussées :
　Férocité.
　Une bête fauve.

Les mâchoires très ouvertes, les lèvres naturelles :
　Bâillement.　　　　　　Ennui.
　Besoin de sommeil.

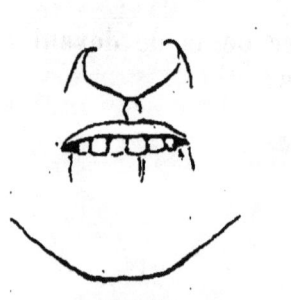
Fig. 76.

A remarquer dans les mouvements suivants, qui ont une grande puissance d'expression, la singulière différence de signification qui résulte de l'avancement ou du retrait de la mâchoire inférieure.

Mordillement de la lèvre inférieure entraînant le retrait de la mâchoire inférieure (fig. 76) :
　Désappointement.　　　J'ai fait une sottise.
　Encore une difficulté !　Comment me tirer de là ?

Même jeu, en souriant (fig. 77) :

Est-elle jolie !   Cela ferait bien mon affaire.
Quelle chance !   Ai-je été adroit !

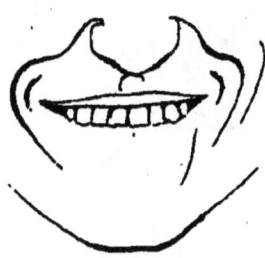

Fig. 77.

En général, aubaine, satisfaction inespérée.

Nous pensons que le principe de ce mordillement est une précaution prise pour ne pas trahir soit un désappointement, soit une joie.

A remarquer qu'avec le retrait de la mâchoire inférieure, il n'est guère possible d'avoir une expression méchante ; elle est plutôt bienveillante, même dans la mauvaise humeur.

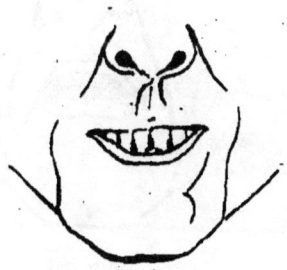

Fig. 78.

Mordillement de la lèvre supérieure, entraînant l'avancement de la mâchoire inférieure (fig. 78) :

Quel contretemps !   Il me le paiera !
Je suis dépité.   Comment me venger ?
J'enrage !   Je suis plein de haine.

Il est impossible de sourire, et toutes les expressions sont forcément empreintes d'un caractère de cruauté.

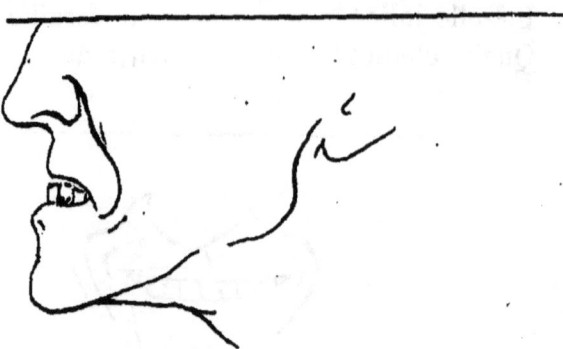

Fig. 79.

Mâchoires entr'ouvertes, la mâchoire inférieure très avancée (fig. 79) :

Sarcasme.   Injures.
Mépris.   Menaces.
Dégoût.   Fureur.
Reproches.   Férocité.

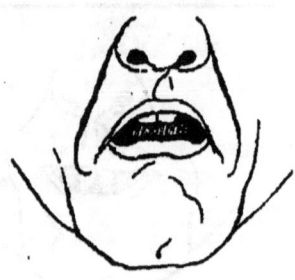

Fig. 80.

Le relâchement de la mâchoire inférieure (fig. 80) :
Extase. Jouissance. Ignorance. Épouvante. Stupeur. Gâtisme.

Des sourcils.

Comme c'est le jeu des sourcils qui entraîne tous les mouvements qui se produisent sur le front, nous n'avons donc à nous occuper que des premiers.

Nous ne saurions trop recommander d'apporter la plus grande attention aux mouvements suivants, qui sont pour le langage mimique d'une importance capitale.

Élévation des sourcils, formant sur le front des rides horizontales (fig. 81) :

    La joie.
    La gaieté.
    L'admiration.
    L'appétence.
    La prière.
    L'extase.
    La fascination.
    La honte.
    La couardise.
    L'étonnement.

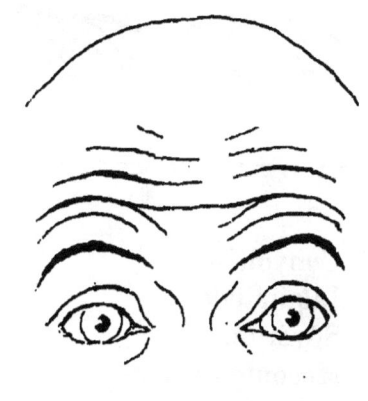

Fig. 81.

L'ignorance.
L'inintelligence.

Même mouvement, plus accentué (fig. 82) :

    La stupéfaction.
    L'ahurissement.
    L'épouvante.
    L'affolement.
    La torture physique.
    L'extrême jouissance.
    L'éclat de rire.
    Le gâtisme.

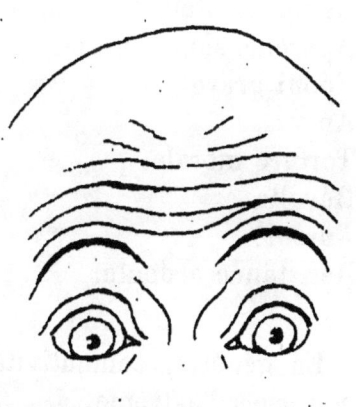

Fig. 82.

A remarquer que toutes ces expressions ne représentent que des émotions purement instinctives, absolument dénuées de volonté et où l'intelligence est inactive.

Sourcils abaissés, front uni (fig. 83) :

Gravité.
Fermeté.
Dignité.
Activité cérébrale.

Sourcils abaissés et rapprochés, occasionnant deux plis verticaux à la base du front :

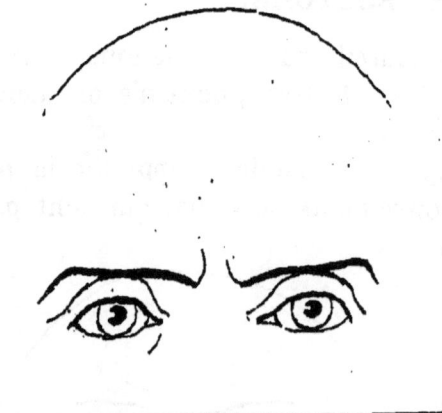
Fig. 83.

Convoitise.
Inquiétude.
Sévérité.
Mécontentement.
Colère.

Volonté.
Méditation.
Calcul.
Tristesse.
Anxiété.

Très rapprochés, occasionnant plusieurs plis verticaux (fig. 84) :

Grande contention d'esprit.
Appréhension terrible.
Ennui grave.
Angoisse.
Torture morale.
Révolte.
Fureur.
Résistance ardente.

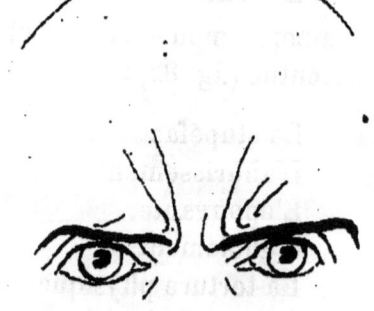
Fig. 84.

En général, combativité poussée à l'extrême.

A remarquer que ces derniers mouvements n'expriment que des sentiments où l'intelligence et surtout la volonté s'exercent puissamment.

En résumé, les sourcils n'offrent que deux mouvements : l'élévation qui occasionne des rides horizontales sur le front, et l'abaissement et le rapprochement qui forment des plis verticaux à la base du front.

Ces mouvements sont si rigoureusement liés aux sentiments qui les font naître que, lorsqu'on est en proie, en même temps, à deux de ces sentiments contraires, ils se manifes-

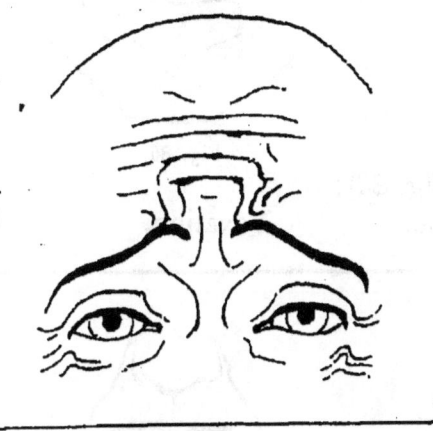

Fig. 85.

tent l'un et l'autre sur le front par des plissements contrariés (fig. 85).

Voici quelques exemples :

Nous éprouvons une forte souffrance physique (elle se traduit par des rides horizontales) ; mais en même temps nous avons la volonté de réagir contre cette souffrance (cet effort de volonté est décelé par des plis verticaux).

Nous voyons un clown dont les fantaisies excitent notre gaieté (rides horizontales), mais en même temps l'exercice périlleux qu'il accomplit nous cause une grande appréhension (plis verticaux).

On nous apprend une chose qui nous remplit d'étonnement (rides horizontales), mais en même temps, il nous vient le soupçon que, peut-être, on se moque de nous, ce qui nous irrite (plis verticaux).

Invariablement, ces sentiments doubles se trahissent par des plissements contrariés.

Des lèvres.

Fig. 86.

Pincées (fig. 86) :
Pruderie.   Vexation.   Mécontentement.

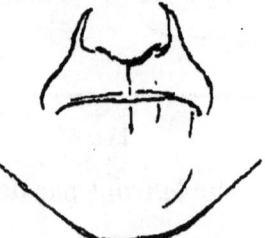

Fig. 87.

Rentrées (fig. 87).
Colère contenue.   Méchanceté.

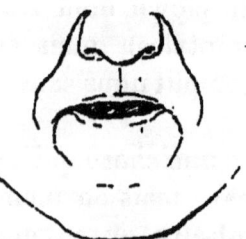

Fig. 88.

Les mêmes découvrant légèrement les dents (fig. 88) :
Désir de faire du mal.   Cruauté.   Haine.

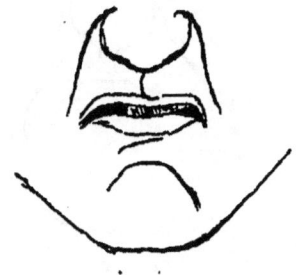

Fig. 89.

Entr'ouvertes, les coins un peu tombants (fig. 89) :

Dénigrement.
Dédain.

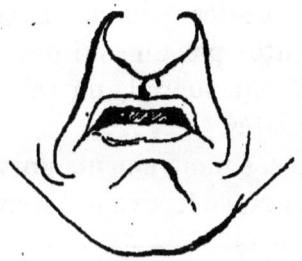

Fig. 90.

Entr'ouvertes, les coins très tombants (fig. 90) :

Mépris.
Dégoût.
Amertume.
Injures.
Souffrances physiques.

A remarquer dans cette expression que les lèvres sont entr'ouvertes parce que le rebroussement des narines entraîne la lèvre supérieure et la fait remonter.

Fig. 91.

Fermées, un seul coin de la bouche tombant (fig. 91) :
Il veut me tromper.
Il me prend pour un niais.
Il ment.
Je trouve mauvais.
Je blâme.
Je méprise.

A remarquer, dans les jeux de physionomie, que tous les mouvements exécutés par un seul des organes doubles, soit une joue, un œil, un sourcil, un coin de la bouche..., etc. constituent des apartés.

Naturellement, ces mouvements doivent être exécutés du côté opposé à celui où se trouve le personnage dont on parle.

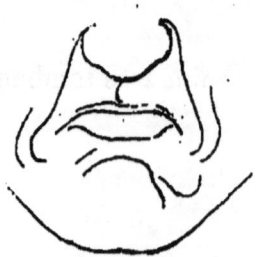

Fig. 92.

Les lèvres fermées, la lèvre inférieure gonflée et avancée (fig. 92) :

C'est laid.   C'est désagréable.
Cela me déplaît.   Cette affaire ne me dit rien qui vaille.

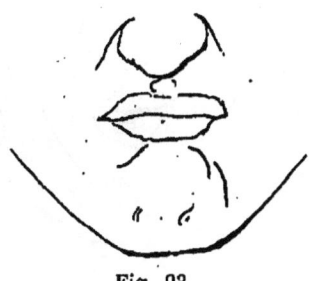

Fig. 93.

Les deux lèvres avancées et rapprochées, faisant la moue (fig. 93) :

Apitoyer.
Prier.
Bouder.
Je ne suis pas content.
Je m'entête.
Je ne céderai pas.

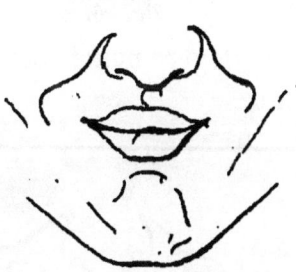

Fig. 94.

Les mêmes plus avancées et un peu souriantes (fig. 94) :

Gronderie bienveillante.
Oh ! la petite méchante.
C'est vilain.
Allez vous cacher.

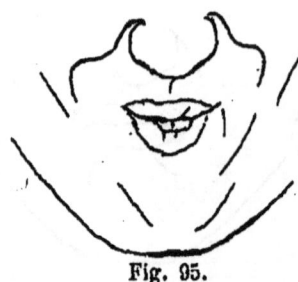

Fig. 95.

Lèvres ramassées comme pour siffler, et souriantes, découvrant un peu les dents supérieures (fig. 95) :

    Coquetterie.   Afféterie.
    Minauderie.   Désir de plaire.

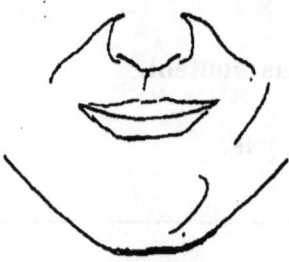

Fig. 96.

Fermées, naturelles, légèrement tirées vers les coins (fig. 96) :
    Sourire contenu.

Fig. 97.

Tirées de manière à faire remonter les joues (fig. 97) :
    Sourire.

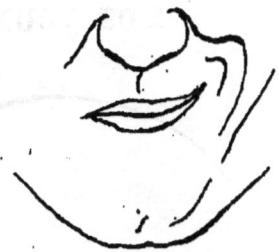

Fig. 98.

Le même, d'un seul côté (fig. 98) :
    Je mens.   Je me moque de lui.
    Je le trompe.   Je plaide le faux pour savoir le vrai.

Fig. 99.

Tirées d'un côté et retombantes de l'autre (fig. 99) :
    Sourire ironique.

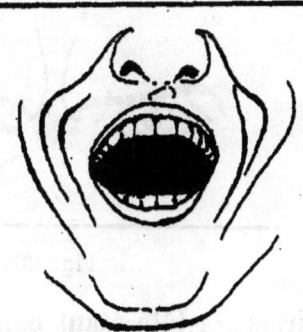

Fig. 100.

Très tirées, les mâchoires très ouvertes (fig. 100) :
    L'éclat de rire.

Des yeux.

Fig. 101.

Regard direct, la tête étant droite (fig. 101):
Regard naturel.

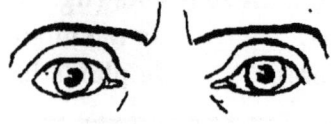

Fig. 102.

Regard direct, la tête étant penchée (fig. 102):
    Méditation.   Sévérité.
    Effort intellectuel.   Malveillance.
    Tristesse.   Examen.

L'ART MIMIQUE.

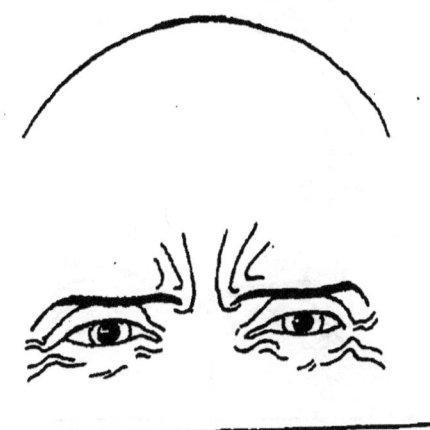

Fig. 103.

Regard direct, la tête étant droite, les paupières à demi fermées (fig. 103) :

    Timidité.
    Souffrance.
    Ceci n'est pas clair.
    Doute.
    Soupçons.
    Méfiance.
    Incrédulité.
    Effort intellectuel.
    Qui trompe-t-on ?
    Dissimulation.

À remarquer que lorsqu'il s'agit d'un effort intellectuel ou d'un sentiment de méfiance, c'est la paupière inférieure qui remonte en se contractant vers les coins, et que les joues remontent en plissant sous les yeux.

Au contraire, quand c'est la paupière supérieure qui est lâche et retombante, il en résulte les expressions suivantes :

    Bonté.
    Fatigue.
    Ignorance.
    Inintelligence.

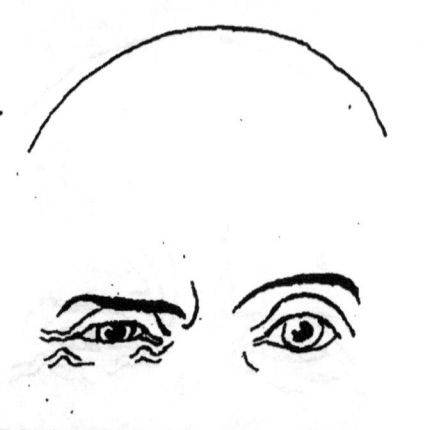

Fig. 104.

Une seule paupière se fermant à demi (fig. 104) :
Il veut me tromper.   Il ment.   Je me méfie de lui.

Ce mouvement complète bien les expressions signifiées par un coin de la bouche retombant (voyez fig. 91) et par les lèvres tirées d'un seul côté (voyez fig. 98).

Les deux yeux complètement fermés expriment selon le geste ou l'attitude :

    Un effort de mémoire.   Le sommeil.
    L'ombre, les ténèbres, la nuit.   La mort.
    La souffrance.

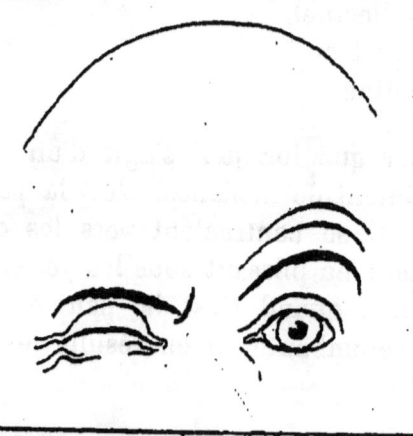

Fig. 105.

Une seule paupière se fermant (fig. 105) :
  Il y a du danger !   Il faut ouvrir l'œil !

Battement rapide des paupières.
Je suis abasourdi.   Quel coup !
J'en ai vu trente-six chandelles. Je ne sais plus où j'en suis.

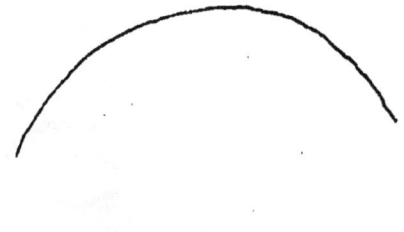

Fig. 106.

Tournant de côté, la tête restant immobile (fig. 106) :
   Celui-ci.   J'entends.   Je me méfie.
   Celui-là.   Je guette.   Crainte dissimulée.
L'expression est confidentielle.

Fig. 107.

Même mouvement, avec les paupières à demi baissées (fig. 107) :
   Je feins.   Je trahis.   Fausseté.
   Je dissimule.   Honte.   Confusion.
   J'espionne.   Hypocrisie.

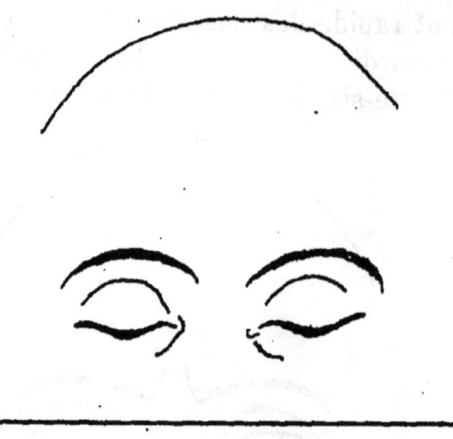

Fig. 108.

Les yeux baissés (fig. 108) :

  Modestie.
  Pudeur.

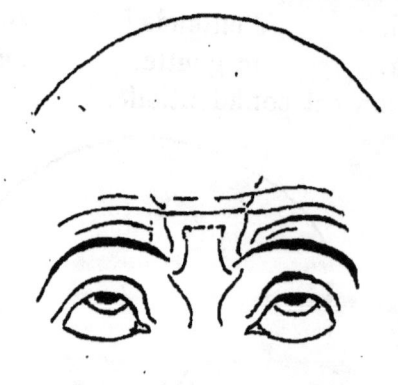

Fig. 109.

Coup d'œil rapide en haut (fig. 109) :

  Mon Dieu !   Quel scandale !
  O ciel !   Je prends le ciel à témoin !

Le même, prolongé :

  Effort de mémoire.   Vision.
  Contemplation.   Extase.

Coup d'œil circulaire :

Eux.   Ne peut-on me surprendre.
Ceux-là.   Je surveille.
Tous.

Coup d'œil de bas en haut :

Toiser.   Insulter.
Mépriser.   Défier.

Le même mouvement, jeté par-dessus l'épaule, accentue considérablement ces expressions.

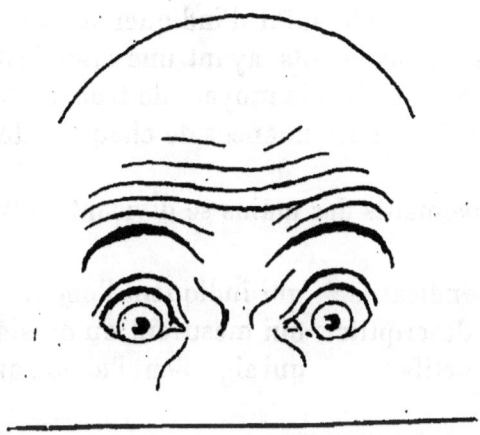

Fig. 110.

Démesurément ouverts (fig. 110) :

Colère.   Épouvante.
Fureur.   Affolement.
Stupéfaction.   Extrême souffrance physique.

De tous les organes, ce sont certainement les yeux qui jouent le rôle le plus important, car il ne se fait pas un mouvement mimique instinctif ou volontaire qui ne soit accompagné, précédé et suivi d'un mouvement des yeux.

EXAMEN DÉTAILLÉ
DES MOUVEMENTS DES MAINS

Il serait fastidieux d'examiner tous les mouvements que nous pouvons exécuter avec les mains et les doigts. D'ailleurs, nous en faisons inconsciemment une grande quantité qui n'ont qu'une signification vague et indéterminée, et dont la plupart n'ont d'autre but que d'équilibrer, d'harmoniser ou de compléter des attitudes.

Nous pensons qu'il suffit d'indiquer les principes qui gouvernent les mouvements ayant une signification propre, ce qui donnera à l'artiste le moyen de trouver lui-même, selon ses besoins, toutes les nuances de chaque catégorie d'expressions.

Les mouvements des mains se divisent en trois catégories, à savoir :

Les gestes indicatifs : qui indiquent l'objet.
Les gestes descriptifs : qui mesurent ou dessinent l'objet.
Les gestes actifs : qui signifient l'action qu'ils ébauchent.

Gestes indicatifs.

Les gestes indicatifs désignent une personne, un objet, un point, une direction.

A part ceux qui servent à se désigner soi-même, ils se font, le bras entièrement déployé, l'index tendu, visant avec précision l'objet à indiquer (fig. 111) :

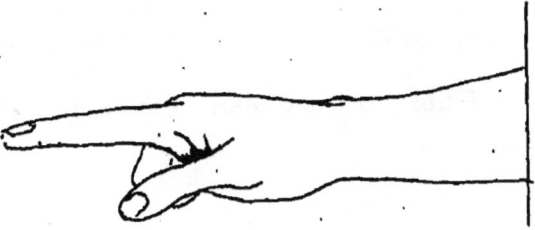

Fig. 111.

Toi.	Ceci.	Là-bas.
Lui.	En bas.	A gauche.
Eux.	En haut.	A droite.

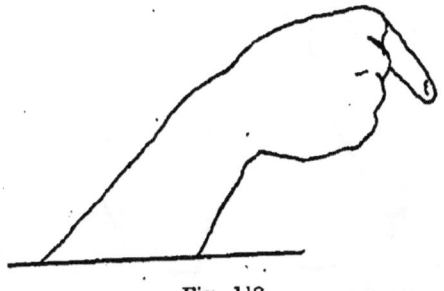

Fig. 112.

Le bras replié, l'index dirigé vers la poitrine (fig. 112) :
Je.   Moi.

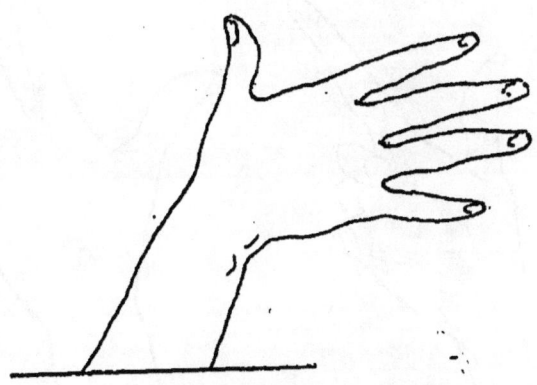

Fig. 113.

L'idée de possession et l'idée d'un moi plus complet s'expriment par une pression plus ou moins forte de la main ouverte sur la poitrine (fig. 113) :

    A moi.   Mon âme.
    Qui m'appartient.   Tout mon être.

Ce geste exécuté des deux mains donne plus d'importance à l'expression.

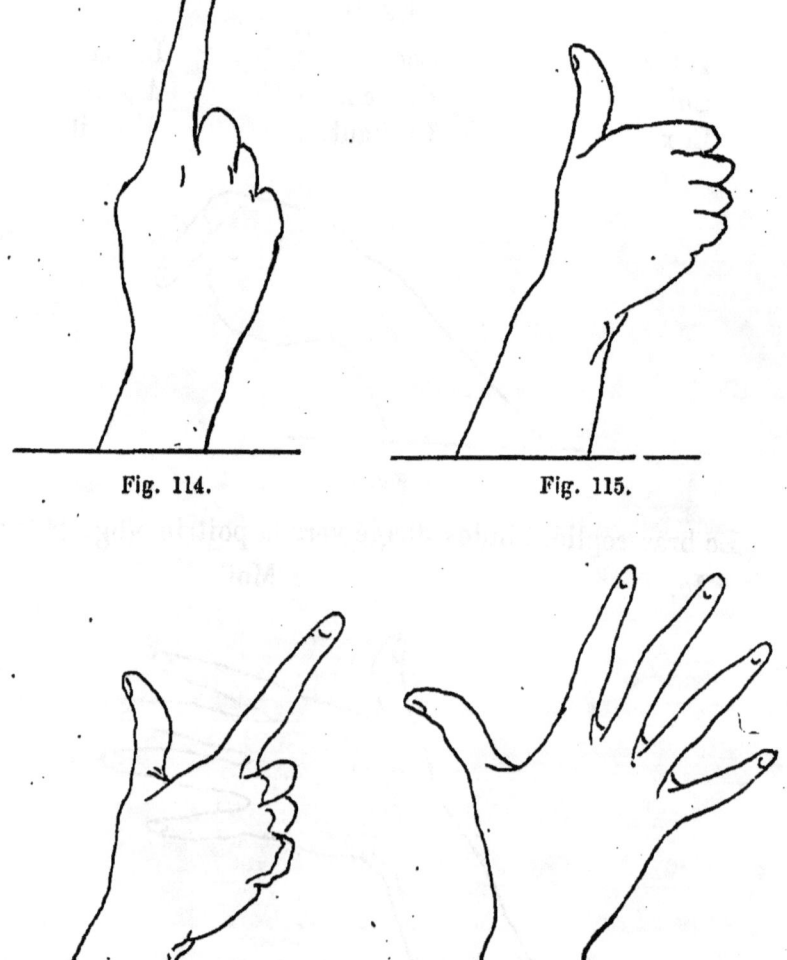

Fig. 114.   Fig. 115.

Fig. 116.   Fig. 117.

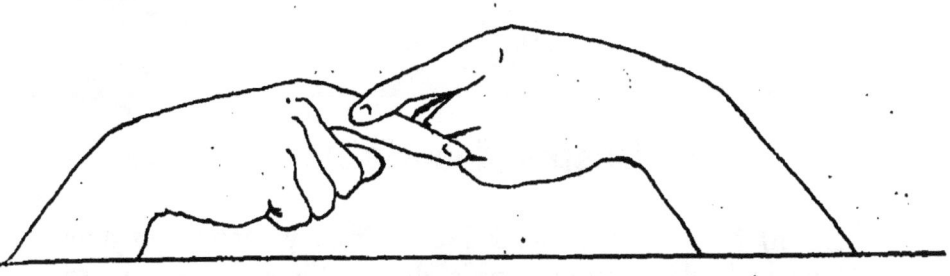

Fig. 118.

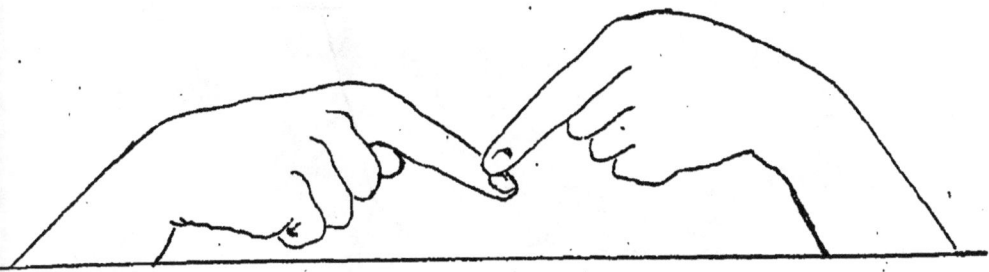

Fig. 119.

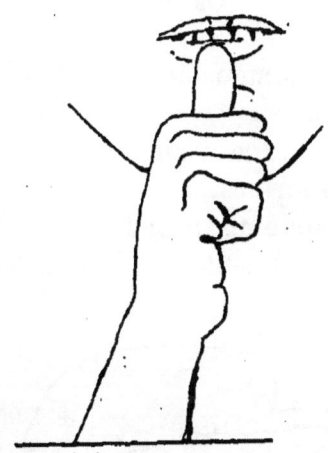

Fig. 120.

Les expressions des nombres :

Un seul (fig. 114).
Un (fig. 115).
Deux (fig. 116).
Cinq (fig. 117).
Dix : le précédent deux fois.

Beaucoup : Le même plusieurs fois répété.
La moitié (fig. 118).
Un peu (fig. 119).
Pas ça (fig. 120).

Gestes descriptifs.

Ils ont pour but d'évoquer l'idée d'une personne ou d'un objet par la description rapide de sa dimension ou de sa

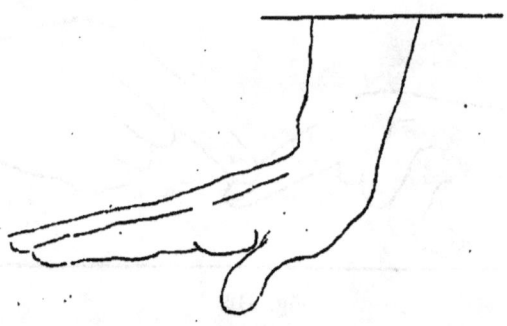

Fig. 121.

forme, lorsque cette dimension ou cette forme est suffisamment particularisante.

C'est l'intérieur de la main qui a pour mission de préciser les dimensions et les formes.

Ce geste, qui demande une grande vérité, consiste à exécuter dans le vide les mouvements précis que les mains seraient

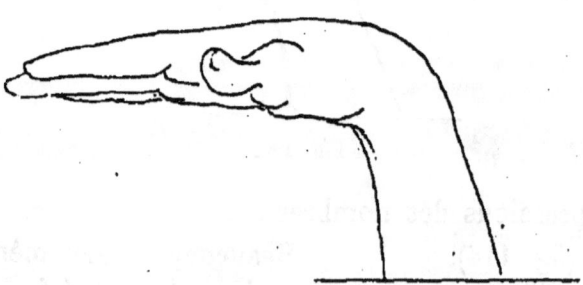

Fig. 122.

obligées de faire si elles parcouraient réellement, en la caressant, la surface de l'objet à signifier.

La plupart des expressions descriptives en usage ne

demandent qu'un geste rapide, assez facile à exécuter :

Petit (fig. 121).   Carré.
Grand (fig. 122).   Gros.
Pointu (fig. 123).   Mince.
Plat.   Long.
Rond.   Court.

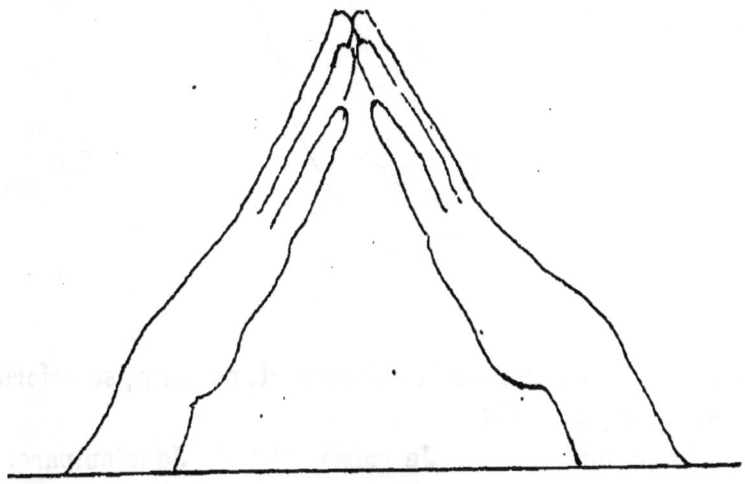

Fig. 123.

Nous ne saurions trop recommander la prudence aux mimes qui entreprendront d'élargir le cercle de ces gestes descriptifs, car, dès que ces derniers deviendront plus complexes, ils risqueront de rester inintelligibles.

Gestes actifs.

Mains pendantes, s'ouvrant et se refermant à plusieurs reprises :
    Énervement.
    Commencement d'irritation.

Mains pendantes se crispant ; les poings :
    Irritation.   Désir de vengeance.

Les poings remontés près de la poitrine :
    Préparation au combat.

Lancer la main fermée et l'ouvrir, la paume en dessus :

    Jeter au visage.   Une poignée d'injures.
    Le mépris.

La main ouverte, les doigts écartés, la paume en dessous,

Fig. 124.

lancée à la hauteur de la ceinture et, soudain, se refermant avec force (fig. 124) :

    Je prends.   Je saisis.   Je m'empare.

Le même mouvement ; mais avec plus de violence, et la main fermée dès le départ :

    Je veux.   Je subjugue.
    Je tiens.   J'opprime.
    Je maîtrise.   J'écrase.

Même mouvement, avec plus de souplesse et de mystère, la main arrivant ouverte, et les doigts se fermant successivement :

    Voler.

Main verticale, la paume en dedans, à la hauteur du visage, le bras à demi déployé :

Mouvement envoyant la pointe des doigts du dedans au dehors (fig. 125) :

    Partant du front :   c'est un salut.
    Partant des lèvres : c'est un baiser.
    Partant du cœur :   c'est un compliment, un hommage.

Même position; mais le mouvement ramenant la pointe des doigts du dehors au dedans :

Venez.   Approchez.   Je vous attire.

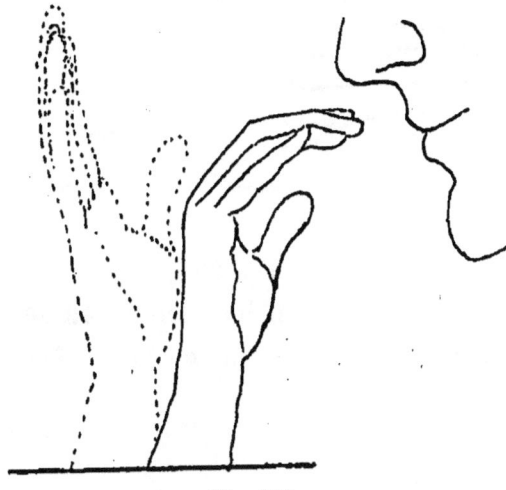

Fig. 125.

Même mouvement, plus large, exécuté des deux mains :
  Venez tous.
Même mouvement exécuté avec l'index seulement :
Mêmes significations, mais plus familières.

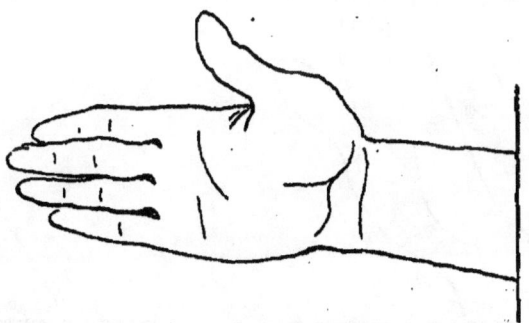

Fig. 126.

Les deux bras entièrement déployés à la hauteur des épaules, les mains ouvertes, les paumes en dedans (fig. 126) :

  Je vous accueille.   Bienveillance.
  Venez dans mes bras.   Amitié.

Dans la même position, les mains partant de côté et étant

ramenées devant, dans un large mouvement qui semble embrasser tous les personnages présents :
Réunissez-vous.

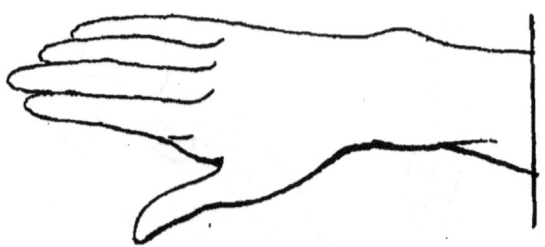

Fig. 127.

Le mouvement contraire, les paumes en dehors (fig. 127) :
Écartez-vous.   Dispersez-vous.   Séparez-vous.

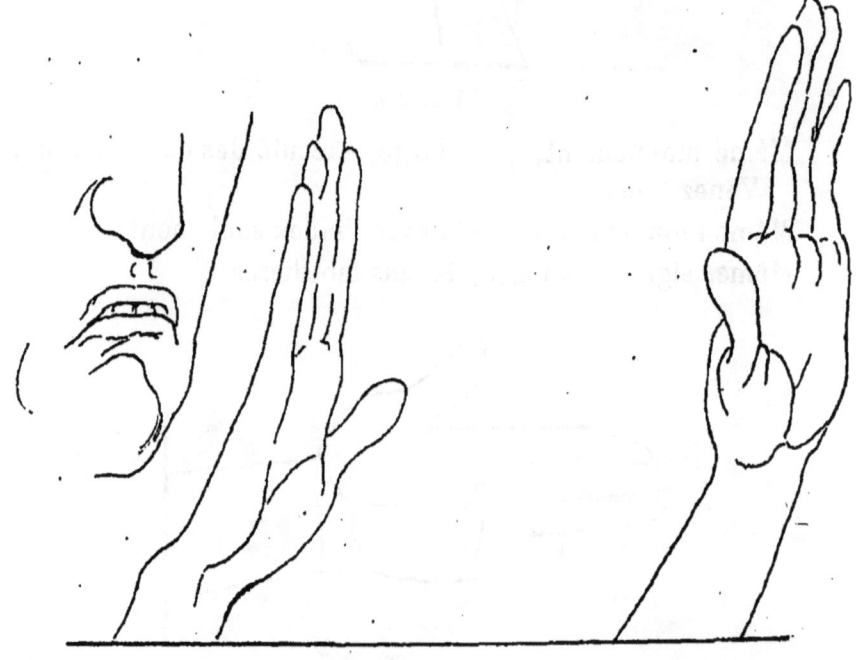

Fig. 128.

Une main verticale, près du visage, la paume en dehors (fig. 128) :

Dégoût.	Je m'oppose.	Je me garantis.
Aversion.	Je repousse.	J'élève un obstacle.
Effroi.	J'éloigne.	

Le même mouvement avec les deux mains près du visage : mêmes expressions, plus accentuées.

Le même avec les bras déployés : mêmes expressions, mais beaucoup plus véhémentes.

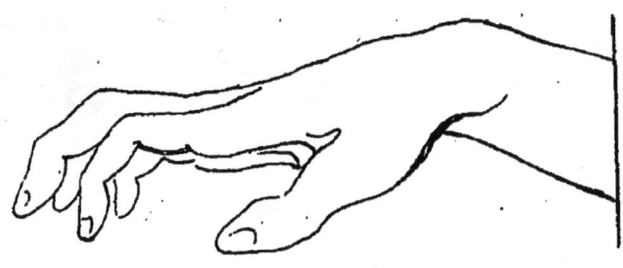

Fig. 129.

Les mains s'avançant horizontalement, les paumes en dessous, les doigts écartés et crochus (fig. 129) :

Avarice.
Désir de possession.
Tentation de s'emparer.

Les mêmes, verticales, les paumes en dehors :

Férocité.
Besoin d'égratigner, de déchirer, de faire du mal.

Jusqu'à présent, ces gestes actifs sont purement et simplement l'ébauche de l'action qu'ils signfient. Par conséquent ils ne demandent pas d'autre explication.

Mais en voici d'autres qui sont plus ou moins symboliques et dont il nous paraît intéressant de rechercher l'origine.

Tendre la main à la hauteur de la ceinture, la paume presque en dessus (fig. 130) :

Donner sa main (son arme naturelle).
Solliciter la main d'un autre.
Offrir la paix, l'alliance.
Témoigner de la confiance.

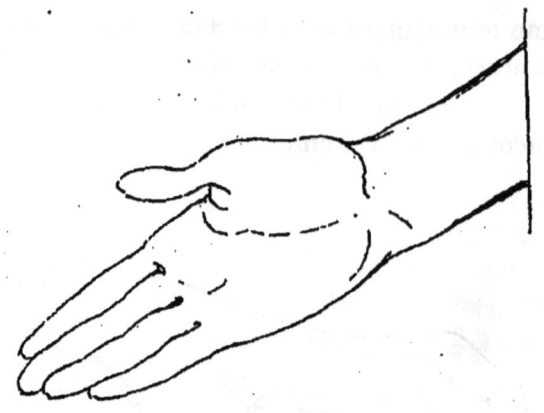

Fig. 130.

Signification actuelle :
Estime. Amitié. Simple politesse.

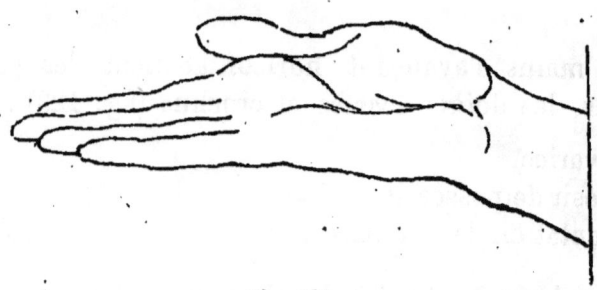

Fig. 131.

Le même mouvement, la main plus près du corps et la paume tout à fait en dessus (fig. 131).

Primitivement :

Se préparer à recevoir un objet.

Au figuré :

    Donnez-moi.   Je demande.   Accordez-moi.

Par extension :

    J'interroge.   Apprenez-moi.
    Je questionne.   Expliquez-vous.
    Parlez.

Le même, exécuté avec les deux mains : mêmes expressions, plus avides, plus pressantes.

Même position de la main, avec un mouvement de bas en haut :

    Élever.   Soutenir.
    Soulever.   Supporter.

Le même mouvement, plus rapide :

    Lève-toi.   Redresse-toi.
    Debout.

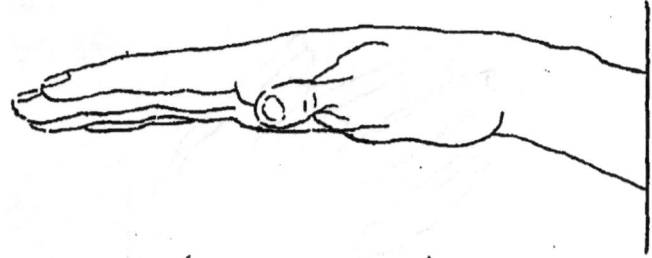

Fig. 132.

Les mains horizontales, les bras déployés, les paumes en dessous (fig. 132).

Primitivement :

    Je couvre quelqu'un.
    Je garantis sa tête d'un coup qui lui est destiné.

Par extension :

    Je protège.   J'abrite.
    Je prends sous ma protection.   Je défends.

Le même, les mains venant d'en haut :

    J'appelle les bienfaits du ciel.
    Bénir.
    Pardonner.

Ce mouvement signifie aussi un pacte :

    Qu'il arrive malheur à cette tête qui m'est chère, si je ne remplis pas tel engagement.
    Sur sa tête, je promets, je jure, je fais serment.

Même position des mains, les bras repliés, avec un mouvement lent de haut en bas :

    Calmer.   Apaiser.

Par extension :
- Silence.
- Attendez.
- Patience.
- Soyez en repos.

Même position des mains s'écartant horizontalement :
- Étendez-vous.
- Couchez-vous.
- Le sol.
- Une étendue.

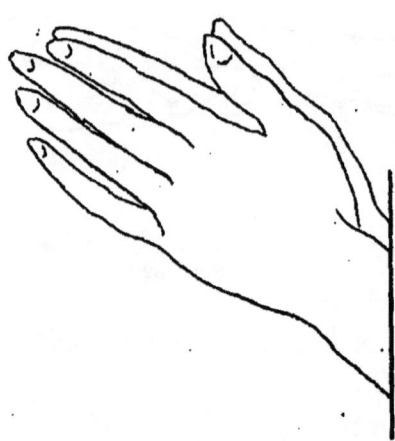

Fig. 133.

Joindre les mains devant soi, les paumes se touchant, la pointe des doigts dirigée vers celui à qui l'on s'adresse (fig. 133).

Primitivement :
- Simulacre des mains liées.
- Abandon des armes naturelles.
- Je suis désarmé.
- Je me rends.
- Je me livre à votre clémence.
- Je n'espère qu'en votre générosité.

Signification actuelle :
- Pardon.
- Grâce.
- J'implore.
- Je supplie.

La pointe des doigts dirigée vers le ciel (fig. 134) :
- Geste de la prière religieuse.

Les deux mains réunies en forme de vase (fig. 135) :
Action primitive de puiser de l'eau.
Par extension :
Recueillir. Faire provision.
Plein les mains. Qui tient dans les mains.

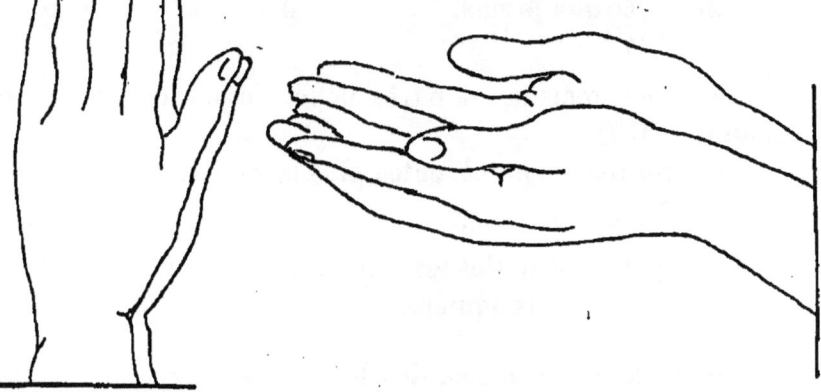

Fig. 134. Fig. 135.

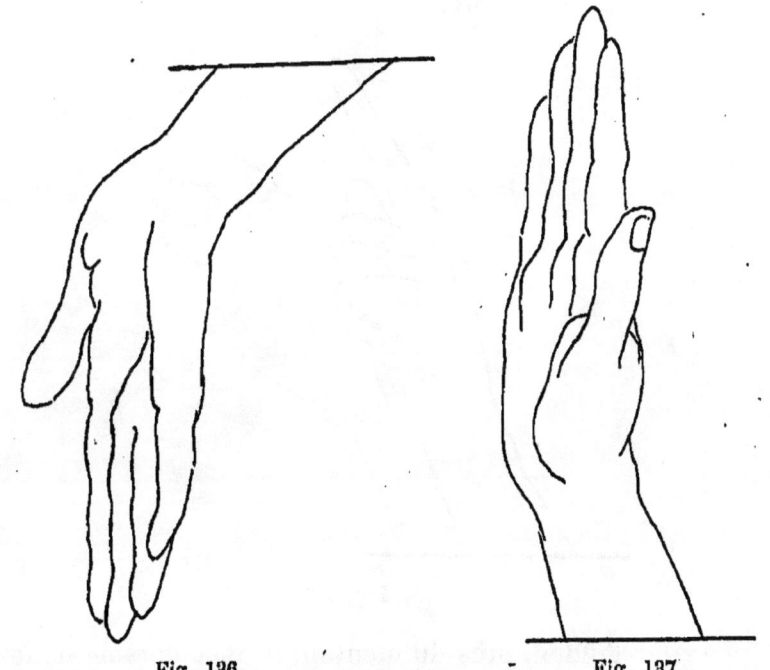

Fig. 136. Fig. 137.

Une main ouverte, devant soi, la paume tournée en dehors, la pointe des doigts en bas (fig. 136) :

Primitivement :

Montrer ses mains.   N'y rien cacher.

Par extension :

Voyez.   Je démontre.
Je dis ce que je sais.   J'atteste.
C'est la vérité.   Je prouve.

Même jeu ; mais la main très élevée, la pointe des doigts en haut (fig. 137).

Les expressions précédentes plus solennelles, et en outre :

J'affirme.   Je proclame hautement.

Ainsi que pour toutes les expressions, ces gestes exécutés avec les deux mains aquièrent plus de force et de véhémence.

Les deux mains pendantes le long du corps, les paumes tournées vers le public :

J'avoue une faute.   Je m'accuse.

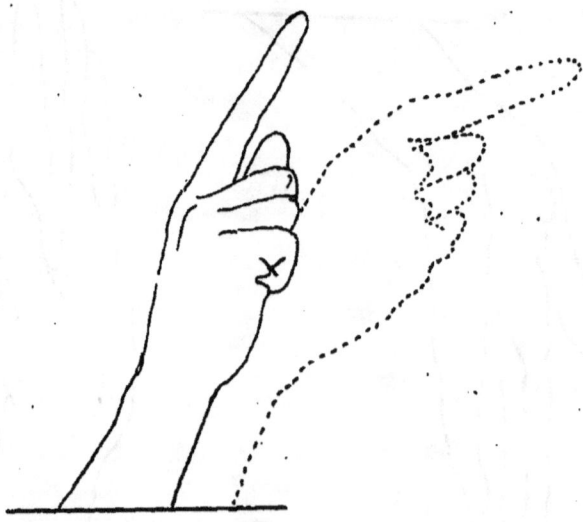

Fig. 138.

Agiter l'index, près du menton, la face dorsale de la main en dehors (fig. 138).

Primitivement :

Simulacre de battre avec un bâton.

Signification actuelle :

Je vous menace.
Prenez garde !

Vous serez puni.
Vous aurez affaire à moi.

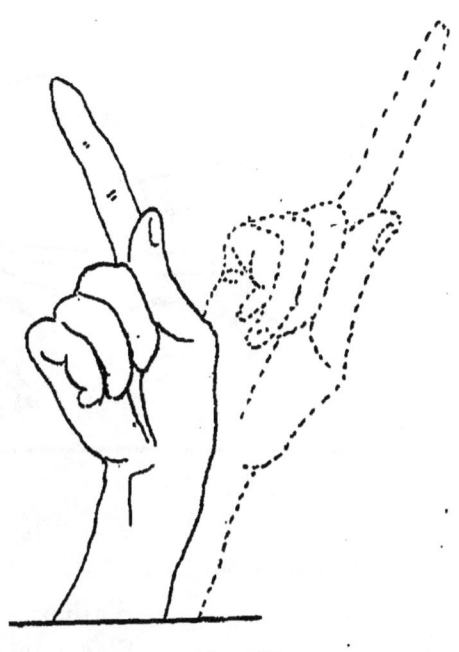

Fig. 139.

Agiter l'index devant soi, le bras déployé, l'intérieur de la main en dehors (fig. 139) :

Non, non, non.
Ce n'est pas vrai.
Je ne veux pas.
Dénégations.

Le bout de l'index touchant le front, puis rapidement projeté en l'air, la face dorsale de la main en dehors (fig. 140) :

Une pensée surgit de mon cerveau.
J'ai une idée !

Le même mouvement, beaucoup plus lent :
Je me souviens.

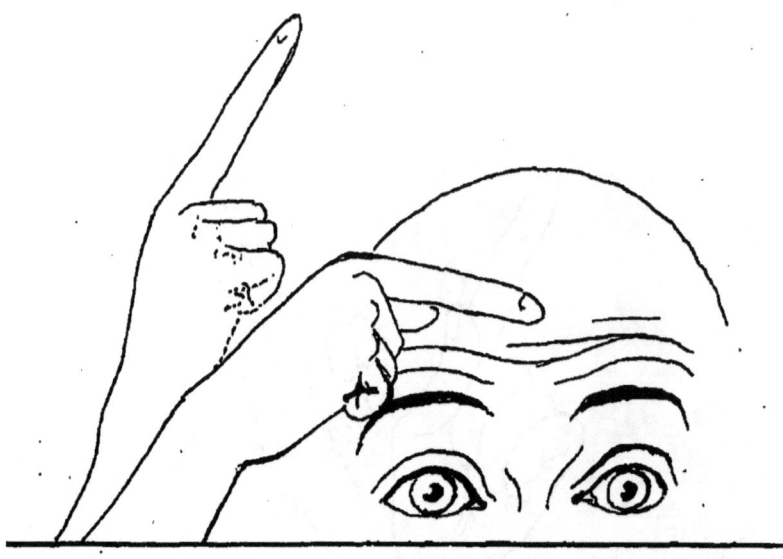

Fig. 140.

Les deux index se réunissant :

S'unir.   S'allier.
S'entendre.   S'accoupler.

En résumé, les principales lois du langage des mains sont les suivantes :

C'est avec la paume de la main qu'on décrit un objet absent, en caressant l'extériorité imaginaire de cet objet.

Les mains verticales, les paumes en dedans :
Appellent, attirent, accueillent.

Les mains verticales, les paumes en dehors :
Éloignent, écartent, repoussent.

Les mains horizontales, les paumes en dessus :

Demandent, interrogent, élèvent, soutiennent.

Les mains horizontales, les paumes en dessous :

Couvrent, protègent, bénissent, pardonnent, promettent, apaisent.

La main bien ouverte, portée en avant et montrée ostensiblement :

Avoue, démontre, manifeste, prouve, affirme, proclame.

Il y a encore un certain nombre de gestes symboliques très connus dont on peut avoir l'occasion de faire usage en dépit de leur vulgarité. L'essentiel est de les employer à propos.

Faire un pied de nez.	Je me moque de toi.
Faire les cornes.	Fuir.
Qui a des cornes.	Détaler.
Cela te passera sous le nez.	Mon œil !
Sous le menton.	

Ces gestes sont trop connus pour que nous entreprenions de les dessiner.

Une recommandation :

Les mouvements des mains sont fort expressifs, mais nous ne saurions trop vivement conseiller de ne les employer, — en dehors des mouvements complémentaires, — qu'avec certitude et sobriété.

EXPRESSIONS COMPLÈTES

Nous venons d'examiner en détail la plupart des mouvements que nous pouvons exécuter naturellement avec nos membres, les muscles de notre visage et nos mains ; et nous avons enregistré la signification de chacun de ces mouvements.

Ce premier travail a eu pour résultat de nous renseigner sur les ressources que nous possédons. Mais ce n'est, en somme, qu'un inventaire.

Ces mouvements particuliers, examinés séparément, ne sont, pour ainsi dire, que les mots de notre langage ; aucun d'eux n'a un sens absolument complet ; le nombre, d'ailleurs, en est limité.

Mais il est évident que ces mouvements peuvent s'unir entre eux, s'associer de diverses façons et former des combinaisons à l'infini.

Nous allons donner, à titres d'exemples, une soixantaine d'expressions complètes des principales émotions; naturellement, nous avons choisi les plus caractéristiques, au degré le plus intense, afin d'obtenir les signes les plus nets et les plus frappants.

Il est bien entendu que chacune de ces expressions est susceptible d'une multitude de nuances.

Bien mieux, la plupart de ces expressions simples, complètes, peuvent se combiner entre elles et former des expressions doubles, triples..., etc.

On comprendra sans peine qu'il nous était impossible d'indiquer toutes les combinaisons réalisables, le nombre en étant illimité.

D'autre part, nous croyons qu'un trop grand nombre de figures aurait plutôt nui à la compréhension des principes.

C'est donc à l'artiste qu'il appartient de se bien pénétrer des mouvements qu'il a à sa disposition, de leur signification et de leur puissance, pour, ensuite, les associer et en former les expressions désirées. Il est certain qu'en s'adonnant consciencieusement aux études qui précèdent, il arrivera assez vite à exécuter facilement, et presque sans y penser, les signes mimiques de toutes les émotions humaines.

Ce n'est, en somme, pas plus difficile que d'assembler des mots pour former des phrases.

Nous rappellerons encore que, pour qu'une expression soit complète, il ne faut omettre aucun des mouvements qui peuvent concourir à la former. Il est donc indispensable de songer tout à la fois à l'attitude, au geste et au jeu de la physionomie.

Nous ferons observer également que si la physionomie peut exprimer à la fois deux émotions, même contradictoires, comme la joie et l'inquiétude, la gaieté et la souffrance..., etc., le geste ne peut avoir qu'une expression unique.

Nous avons divisé les expressions complètes que nous donnons pour exemples en deux groupes distincts, à savoir :

1° Les expressions empreintes de volonté et d'intelligence ;

2° Les expressions passives où la volonté et l'intelligence sont momentanément paralysées.

Ce qui nous a déterminé à adopter cette classification, c'est que nous avons remarqué que, toujours, sans exception, ces différentes expressions étaient caractérisées par des signes très remarquables, absolument contraires, plus ou moins accentués, qui sont :

Pour les premières : le rapprochement des sourcils formant des plis verticaux à la base du front ;

Pour les secondes : l'élévation des sourcils formant des rides horizontales sur le front.

Cette classification, basée sur une manifestation constante, nous paraît devoir faciliter l'étude des expressions.

En outre, il se pourrait qu'elle ne fût pas indifférente

aux physiologistes qui s'évertuent à résoudre ce problème : pourquoi tel état de l'âme se manifeste-t-il toujours et universellement par les mêmes signes mimiques ?

Nous terminerons ces explications par les deux axiomes suivants :

Précisément à cause de la puissance du mouvement mimique, ne faites que les mouvements strictement nécessaires.

La mimique doit se composer :

D'attitudes; toujours.
De jeux de physionomie; souvent.
De gestes; rarement.

EXPRESSIONS

EMPREINTES DE VOLONTÉ ET D'INTELLIGENCE

Fig. 141.

Modestie.   Salut.
Timidité.   Acquiescement.

Mouvements principaux :
  Inclinaison de la tête. — Abaissement des paupières.
Voyez l'attitude (fig. 8).

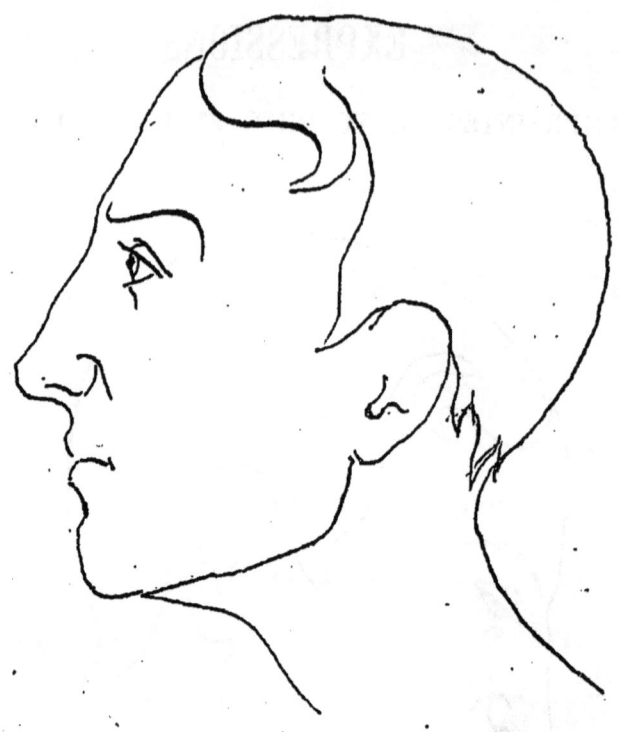

Fig. 142.

Intérêt.   Curiosité.
Attention.   Activité.

Mouvements principaux :

Avancement de la tête. — Fixité du regard.

Attitude (fig. 13).

Ce mouvement de la tête est des plus éloquents ; il indique presque toujours un désir, une volonté. Il est aussi le signe de la plupart des émotions violentes.

Fig. 143.

Mêmes expressions que les précédentes, mais plus indifférentes ou plus familières.

Mouvement principal :

Tournement de la tête.

Attitudes (fig. 11 et 12).

Ce mouvement est moins actif que le précédent. Néanmoins, on peut tirer de très heureux effets de ce tournement de tête (effets d'opposition).

Fig. 144.

Bienveillance. Entente discrète.
Déférence. Salut familier.
Galanterie.

Mouvements principaux :

La tête très tournée. — Le regard dirigé presque derrière soi.

Attitude (fig. 36).

A observer que c'est au mouvement d'opposition qu'est due la sensation de grâce, de mystère et d'intimité. La bienveillance provient de ce que l'œil est un peu voilé.

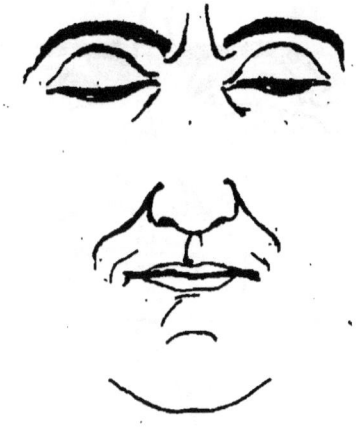

Fig. 145.

Hypocrisie.   **Dissimulation.**

Mouvement principal :

Le regard passant entre les paupières presque fermées.

Attitude (fig. 40).

A remarquer que c'est à la contradiction qui existe entre le demi-froncement des sourcils (malveillance) et le commencement du sourire (bienveillance) qu'est due la sensation de fausseté qui se dégage de l'expression.

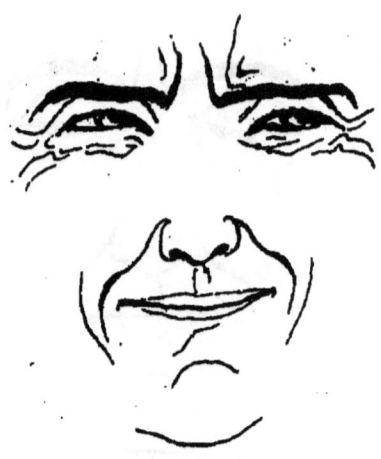

Fig. 146.

Fausseté. Traîtrise.
Astuce.   Malice.
Tromperie.

Mouvements principaux :

Paupières à demi fermées. — Regards de côté. — Rapprochement des sourcils. — Sourire forcé. — Joues remontées et plissant sous les yeux.

Attitude (fig. 33).

Il est bien entendu qu'une foule d'attitudes peuvent convenir à cette expression, et que nous ne donnons ici que celle qui nous paraît le plus caractéristique.

Même observation à faire que pour l'expression précédente, sauf que dans cette dernière la contradiction est plus flagrante.

L'ART MIMIQUE.

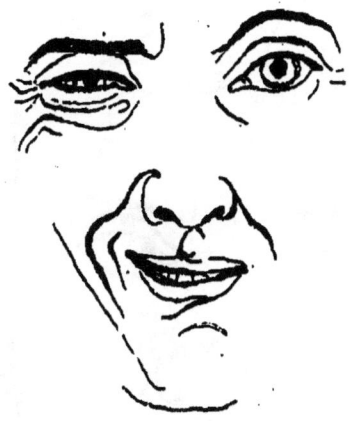

Fig. 147.

Je mens. Je raille.
Je trompe. Je me moque.

Mouvement principal :

Le sourire d'un seul côté, faisant remonter la joue et rapetissant l'œil.

Attitude : quelconque.

Se rappeler que les mouvements exécutés avec un seul des organes doubles constituent des apartés.

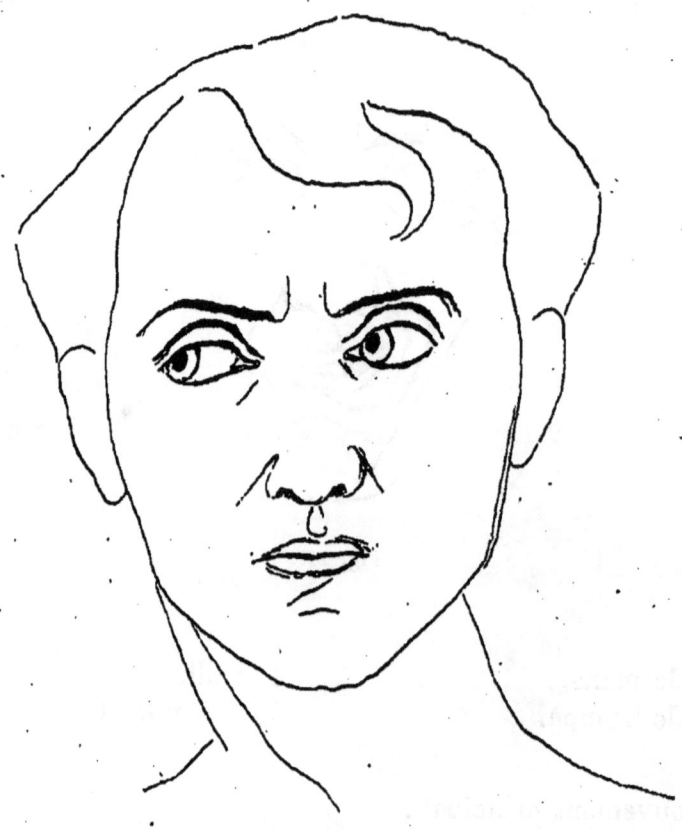

Fig. 148.

Prêter l'oreille.　　　Je cherche à surprendre.
J'écoute.　　　　　　Inquiétude.

Mouvements principaux :

Tête de face portée de côté. — Les yeux tournés de côté.

Attitude (fig. 12) : position inverse.

C'est la direction du regard qui donne une signification à ce mouvement : Tant que le regard est tourné de côté, on fait effort pour entendre; on écoute. Quand le regard est ramené au public avec l'apparition d'une nouvelle expression sur la physionomie, on entend.

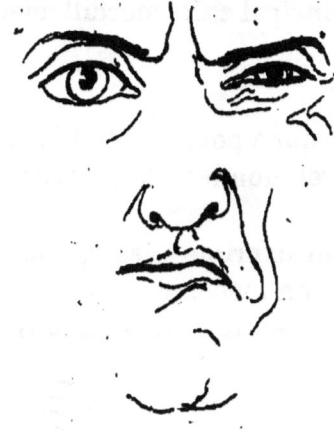

Fig. 149.

Il veut me tromper.   Je me méfie.
Il ment.   C'est louche.

Mouvements principaux :

Un coin de la bouche tombant. — Une joue remontée, — rapetissant l'œil.

Attitude quelconque.
Aparté.

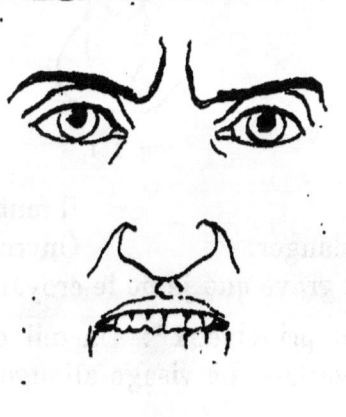

Fig. 150.

Sapristi ! quel contretemps.   Dépit.
Manqué.   Difficulté inattendue.
J'ai fait une sottise.

Mouvement principal : le mordillement de la lèvre inférieure.

Attitude : 43.

Ce mouvement, qui a pour résultat le retrait de la mâchoire inférieure, ne saurait donner à la physionomie une expression de méchanceté.

Ce mordillement exprime aussi qu'on se retient de laisser éclater son dépit, son mécontentement.

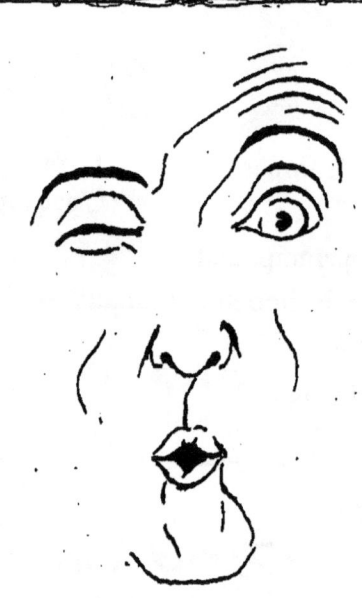

Fig. 151.

Diable ! Il faut se méfier.
Il y a du danger. Ouvrons l'œil !
C'est plus grave que je ne le croyais.

Mouvements principaux : Un œil complètement fermé, l'autre très ouvert. — Le visage allongé. — Les lèvres rapetissées.

Attitude : 46.

C'est encore une expression confidentielle. L'œil fermé indique la dissimulation. La bouche rapetissée manifeste une surprise contenue. L'œil très ouvert proclame le danger.

Fig. 152.

Inquiétude.
Soupçon.

Méfiance.
On me trompe.

Mouvements principaux : Les joues remontant et rapetissant les yeux. — Les sourcils rapprochés. — Les coins de la bouche tombant.

Attitude : 15.

Les yeux rapetissés et regardant de côté expriment la méfiance dissimulée. — Les joues remontées, le dénigrement. — Les sourcils rapprochés, l'irritation et l'esprit de défense. — Enfin les coins de la bouche tirés vers le bas, l'amertume et le reproche.

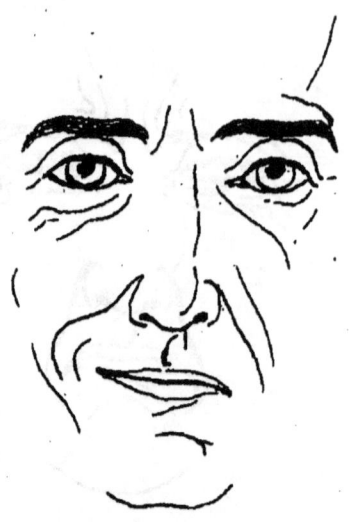

Fig. 153.

Sourire ironique.	Sarcasme.
Raillerie.	Mépris.
Dénigrement.	Cela fait pitié.

Mouvements principaux : Un coin de la bouche souriant, l'autre coin tiré vers le bas. Les paupières supérieures un peu retombantes.

Attitude : 15.

Cette expression est double et contradictoire. Les yeux un peu voilés et le sourire d'un côté expriment la condescendance; le coin de la bouche tiré en bas marque le mépris et le dégoût. C'est de cette opposition que naît la signification moqueuse et sarcastique.

Cette expression est susceptible d'une foule de nuances très délicates.

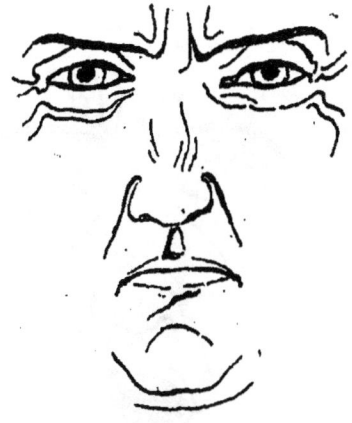

Fig. 151.

Dénigrement. Ceci est mauvais.
Désapprobation. Ceci me déplaît.
Blâme.

Mouvements principaux : les mêmes que ceux de la figure 152, avec cette différence que le regard est direct.

Attitude : 15.

Même observation que pour la figure 152. La différence de l'expression n'a pour cause que la direction du regard. Ici, le dénigrement, au lieu d'être dissimulé, confidentiel, est franchement exprimé.

Fig. 155.

Quel scandale ! Je prends le ciel à témoin.
Quelle horreur ! J'appelle le châtiment divin.

Mouvements principaux : Le regard dirigé en haut. — Le rapprochement des sourcils. — L'abaissement de la mâchoire inférieure.

Attitude : 16.

La bouche ouverte comme pour pousser un cri exprime la surprise ; l'abaissement des sourcils et les plis verticaux du front témoignent que cette surprise est propre à exciter l'indignation ; enfin le regard dirigé en haut dénonce au ciel l'objet de l'indignation.

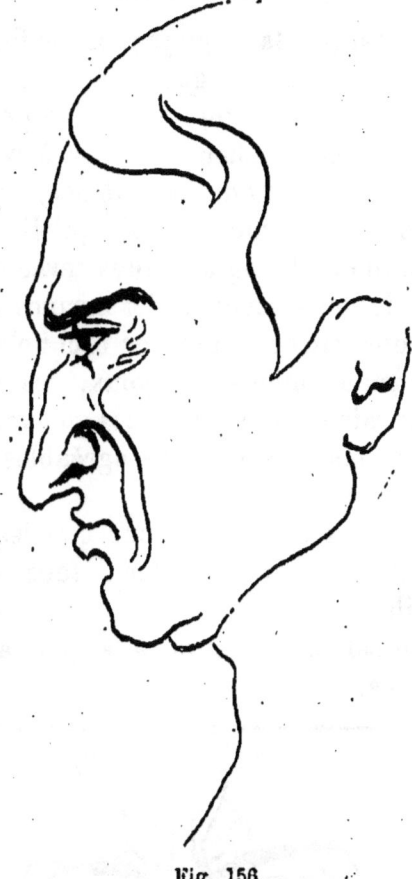

Fig. 156.

Mépris. Écœurement.
Dégoût. Répulsion.

Mouvements principaux : Le retrait de la tête en arrière. — Le froncement des sourcils. — Le rapetissement des yeux. — Le retroussement des narines. — Les coins de la bouche tirés en bas.

Attitude : 16.

Le froncement des sourcils exprime l'esprit de lutte ; le rapetissement des yeux témoigne du déplaisir de la vue ; le retroussement des ailes du nez entraînant la lèvre supérieure vers le haut marque la répugnance; enfin les coins de la bouche tirés vers le bas indiquent l'amertume et le blâme.

Dans cette expression où la vue, le goût, l'odorat semblent désagréablement affectés, il est à remarquer que les signes seraient exactement les mêmes, soit que la cause qui les provoque soit morale, ou qu'elle soit matérielle.

Notons encore que le signe le plus caractéristique de cette expression est le retroussement des narines.

Nous pouvons encore observer ceci : c'est que la raison d'être de ces mouvements des yeux, des narines et de la bouche est une raison de défense, ces mouvements ayant pour effet d'amoindrir les sensations désagréables éprouvées par la vue, le goût et l'odorat.

Il n'y a donc pas de motif pour que les signes de cette expression puissent jamais varier ; tous ces signes étant logiques et utiles.

Ceci est applicable, d'ailleurs, à la généralité des manifestations mimiques.

Fig. 157.

La même que la précédente, vue de face.

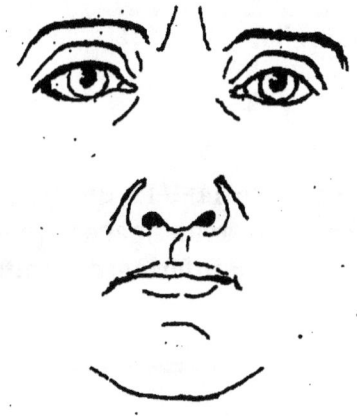

Fig. 158.

Dignité.   Fermeté.
Assurance.

Mouvements principaux : Abaissement des sourcils. — Assurance du regard. — Tête élevée.

Attitude : 12.
C'est surtout à la manière de porter la tête qu'est due la dignité de l'expression.

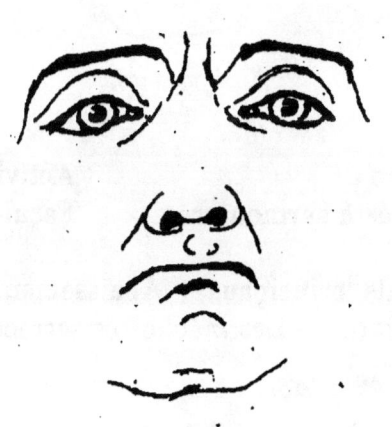

Fig. 159.

Orgueil.   Hauteur.
Morgue.   Autorité.

Mouvements principaux : Le renversement de la tête. —

Sévérité des sourcils. — Légère boursouflure de la lèvre inférieure.

Attitude : 34.

Le renversement de la tête qui permet de regarder de haut, trahit l'opinion avantageuse qu'on a de soi-même; l'avancement de la lèvre inférieure manifeste le dédain qu'on a pour les autres.

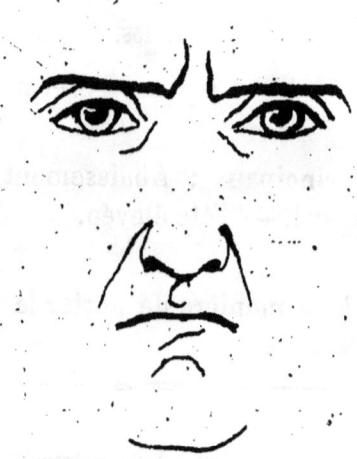

Fig. 160.

Déception.   Activité intellectuelle.
Difficultés à surmonter.   Faculté de résistance.

Mouvements principaux : Abaissement des sourcils. — Sûreté du regard. — Les mâchoires serrées.

Attitudes : 42 et 43.

La sévérité du regard jointe à la fermeté de la bouche, caractérise cette expression.

Fig. 161.

Ennui grave. Volonté indomptable. Je veux.
Prévision d'un danger. Acharnement à la lutte. Je lutte.
Tension d'esprit. Puissante combativité.

Mouvements principaux : Abaissement et rapprochement des sourcils formant des lignes verticales très accusées. — Contraction des mâchoires et coins de la bouche tirés vers le bas.

Attitudes : 43 et 44.

Le regard passant sous les sourcils très abaissés acquiert de la profondeur et une sombre puissance. — Les plis verticaux excessivement accentués indiquent une énergie inébranlable et une grande ténacité. — Les lèvres serrées et tirées vers le bas par les coins trahissent l'irritation causée par l'obstacle et la ferme détermination de le briser.

De l'ensemble de ces signes résulte l'expression de la volonté humaine poussée au maximum.

Il est certain que c'est le mouvement particulier des sourcils qui est le signe dominant, éloquent par excellence, de cette expression.

Mais pourquoi ce signe accompagne-t-il constamment, infailliblement, à un degré quelconque, tout acte de la volonté ?

Voilà ce qu'il serait intéressant de savoir.

Fig. —162.

Chagrin. Grande perplexité.
Torture morale. Profond découragement.

Mouvements principaux : Sourcils très abaissés. — Fixité du regard. — Commissures des lèvres très tombantes. — Relâchement des muscles de la face. — Inclinaison de la tête.

Attitudes : 44 et 45.

Dans cette expression, les sourcils se rapprochent avec moins de vigueur que dans la figure précédente. La tête s'incline, signe d'accablement. Les mâchoires se détendent et, tous les muscles de la face se relâchent, trahissant un affaiblissement de la volonté.

Il semble que l'énergie est usée et que le sujet est plus près de s'abandonner au désespoir que de continuer à lutter.

Fig. 163.

Profondes angoisses.   Douleur incurable.
Désespoir.

Mêmes signes que ceux de la figure précédente, mais plus accentués. La tête, plus alourdie, s'incline davantage, ce qui donne au regard une tristesse plus sombre, plus inquiétante.

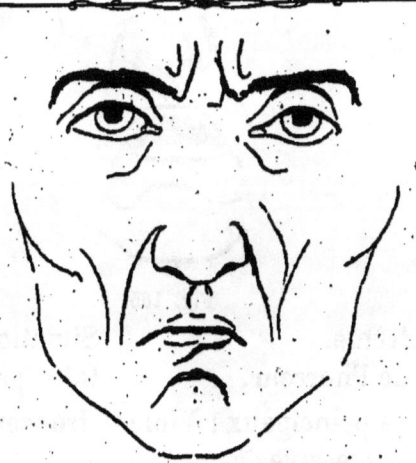

Fig. 164.

Misère.   Souffrance physique.
Dépérissement.   Chagrin.

Mouvements principaux : Joues rentrées. — Froncement

des sourcils. — Alourdissement des paupières supérieures. — Coins de la bouche entraînés vers le bas.

Attitudes : 30 et 33.

C'est surtout de l'alourdissement des paupières qui retombent comme fatiguées, que se dégage l'impression du chagrin et du découragement. Néanmoins, en dépit de l'amertume de la bouche, l'abaissement des sourcils et les plis verticaux qui apparaissent à la base du front indiquent l'habitude de la lutte et l'exercice de la volonté.

A remarquer dans ces trois dernières figures que ce ne sont pas des expressions fugitives, mais bien des expressions définitives, où les muscles paraissent comme pétris et façonnés par le malheur et la souffrance.

Fig. 165.

Péril extrême.   Situation désespérée.
Comble de l'horreur.   Désespoir.

Mouvements principaux : Violent froncement des sourcils. — Ouverture excessive des paupières. — Relâchement de la mâchoire inférieure.

Attitudes : 46-47-48.

Les yeux sont dilatés par la perception d'un danger effroyable ou d'une catastrophe horrible. — Le relâchement de la mâchoire inférieure indique un arrêt momentané de la faculté d'agir. Mais l'énergique froncement des sourcils nous révèle que la volonté n'a pas abdiqué et que le personnage luttera jusqu'au bout, même sans espoir.

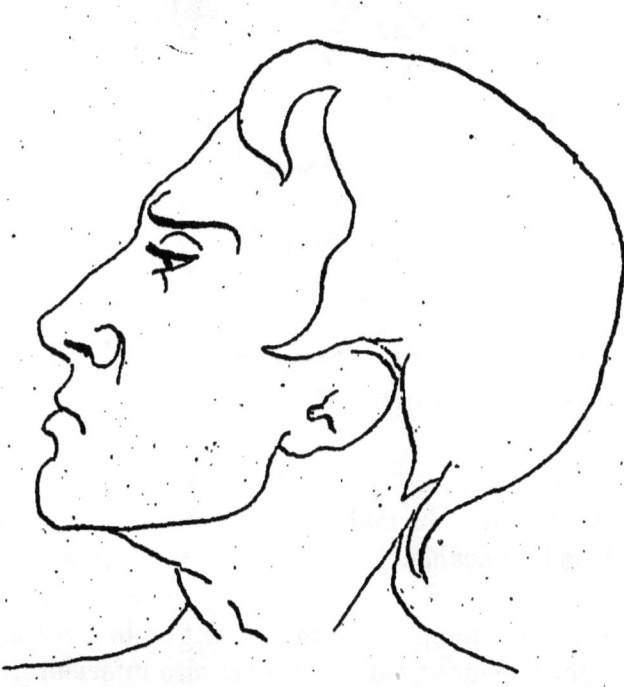

Fig. 166.

Impertinence.   Défi.
Arrogance.   Révolte.

Mouvement principal : Tournement et renversement de la tête.

Attitude : 34.

Cette expression est bien caractérisée par le renversement de la tête; mais il faut reconnaître qu'elle est considérablement accentuée par l'opposition de l'attitude qui oblige à tourner la tête et à regarder l'adversaire par-dessus l'épaule, tout en lui tournant presque le dos.

La même expression exécutée de face et directement perdrait beaucoup de sa force.

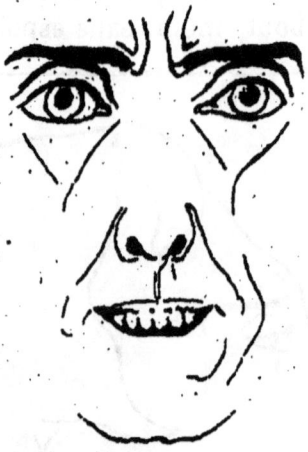

Fig. 167.

Colère contenue.
Désir de faire du mal.
Haine implacable.

Férocité. Cruauté.
Besoin de vengeance.

Mouvement principal : Mordillement de la lèvre supérieure provoquant l'avancement de la mâchoire inférieure.

Attitude : 13, avec les poings crispés.

Il est intéressant de rapprocher de cette expression la figure 150 afin de se rendre compte de la curieuse différence qu'on obtient en mordillant la lèvre inférieure ou la lèvre supérieure.

Avec ce dernier mouvement l'ébauche du sourire est impossible et la physionomie reflète un étrange caractère de méchanceté et de cruauté.

Néanmoins, le mordillement de la lèvre indique qu'on réprime un violent accès de rage.

Fig. 168.

Tous les signes de la figure précédente, sauf que la lèvre n'est pas mordue, que les yeux sont plus agrandis et les sourcils plus violemment rapprochés.

Attitude : 47, mais avec les poings en avant.

Ici, la fureur n'est plus contenue, elle est déchaînée, elle éclate. La mâchoire inférieure s'avance menaçante, les yeux s'ouvrent démesurément comme pour fasciner et terroriser; enfin la violente contraction des sourcils trahit le besoin de la vengeance immédiate, la volonté de vaincre, de détruire.

La tête est portée très en avant, ainsi que dans tous les sentiments excessifs où la volonté s'exaspère.

Il est possible que ce mouvement en avant de la mâchoire inférieure ait pour origine un instinctif désir de mordre.

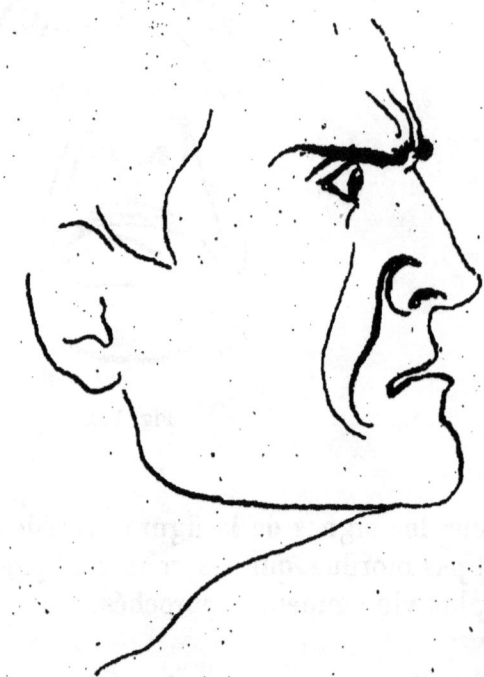

Fig. 169.

Fureur déchaînée.

La même que la précédente, vue de profil.

EXPRESSIONS PASSIVES

OÙ LA VOLONTÉ
ET L'INTELLIGENCE SONT MOMENTANÉMENT PARALYSÉES

Fig. 170.

Attention.   Attrait.
Intérêt.   Charme.

Mouvements principaux : Avancement de la tête. — Relâchement de la mâchoire inférieure. — Élévation des sourcils.

L'ensemble de cette expression indique bien que le sujet subit une influence et qu'il n'a lui-même aucune activité.

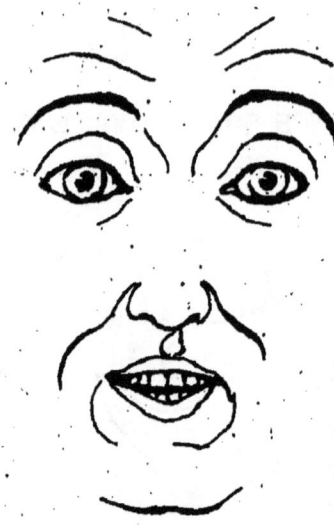

Fig. 171.

Vision agréable.   Admiration.
Amour.

Mouvements principaux : Avancement de la tête. — Élévtion des sourcils. — Épanouissement du sourire faisaremonter les joues.

Attitude : 14.

L'avancement de la tête et l'élévation des sourcils indquent qu'on subit une influence ; le sourire révèle que cettinfluence est agréable. De l'ensemble résulte l'attrait, l'admiration.

Fig. 172.

Désir. Je voudrais.
Appétence. Je demande.
Besoin de posséder. Je supplie.

Mouvements principaux : La tête très avancée et renversée. — Les sourcils surélevés et légèrement contractés. — Les lèvres avancées et gonflées.

Attitude : 14.

Ici l'admiration est devenue désir de possession. L'extrême désir, qui est une souffrance, se manifeste par une légère contraction des sourcils; leur élévation indique toujours le charme subi; les lèvres, qui s'avancent et se gonflent comme pour le baiser, demandent, prient, implorent. Enfin l'avancement et le renversement de la tête trahissent l'ardeur et l'intensité de la passion.

Ce n'est pas encore la volonté; mais tout ce qui la précède et l'engendre.

Fig. 173.

Désir de plaire.   Afféterie.
Coquetterie.   Maniérisme.
Fatuité.

Mouvements principaux : Inclinaison de la tête. — Élévation des sourcils. — Lèvres souriantes et rapetissées.

Altitudes : 35 et 39.

L'inclinaison de la tête dénote la recherche d'une attitude gracieuse ; l'élévation des sourcils et le sourire manifestent l'admiration qu'on éprouve pour soi-même ; le rapetissement des lèvres exprime le désir de plaire, et aussi, combien on a le goût délicat et raffiné.

L'ART MIMIQUE.   145

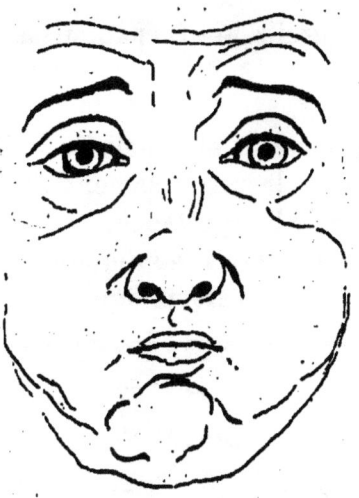

Fig. 174.

Gros.   Joufflu.
Gras.   Prospère.

Mouvement principal : Le gonflement des joues.
Attitude : 9.
Ce n'est qu'un signe descriptif pour exprimer que quelqu'un est gros, joufflu, bien portant.

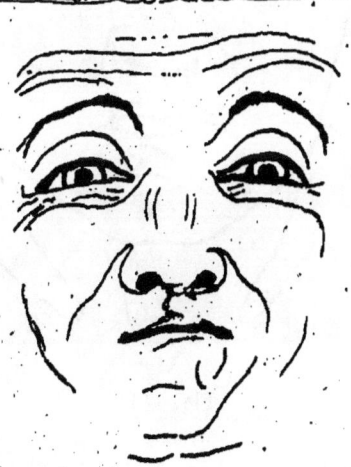

Fig. 175.

Prospérité.   Contentement de soi.
Satisfaction.   Exagérer son importance.

Mouvements principaux : Le renversement de la tête. —

L'élévation des sourcils. — L'épanouissement de la bouche et des joues.

Attitudes : 9 et 23.

L'élévation des sourcils et le sourire indiquent le contentement de soi-même; le renversement de la tête marque le désir de se donner de l'importance.

Les attitudes que nous appliquons à cette expression décèlent la vulgarité du personnage.

Fig. 176.

Ignorance.   Peut-être.
Je ne sais pas.   Je n'en ai aucune idée.

Mouvements principaux : Surélévation des épaules. — Surélévation des sourcils. — Coins de la bouche tirés vers le bas.

Attitude : 38.

Dans cette expression, la surélévation des sourcils, formant des rides horizontales sur le front, signifie : inintelligence momentanée. C'est un signe volontairement employé comme moyen de langage. L'homme le plus intelligent en fait usage. Strictement il signifie : sur telle question, je suis momentanément inintelligent. Et par suggestion : j'ignore.

Les coins de la bouche tirés vers le bas expriment le mécontentement qu'on éprouve de cette ignorance.

Les mains pendantes, ouvertes, montrant les paumes, avouent. Avouent l'ignorance.

C'est en vain que nous avons cherché le rapport qui existe entre l'exhaussement des épaules et la volonté d'avouer son ignorance. Nous ne pouvons affirmer qu'une chose, c'est que ce mouvement accompagne toujours cette expression et qu'il est connu et compris de tout le monde.

Nous observerons cependant que ce mouvement des épaules caractérise surtout les sentiments de crainte. Dans l'expression présente il signifie peut-être : Je crains d'être puni de mon ignorance. Ne m'en punissez pas. Pardonnez-moi d'ignorer.

Quoi qu'il en soit, l'expression d'ignorance ne saurait être complète sans ce mouvement des épaules.

Fig. 177.

J'entends.   Ce que j'entends est plaisant.

Mouvements principaux : La tête portée de côté. — Regard direct. — Surélévation des sourcils, bouche souriante.

Attitude : 12.

La tête portée de côté, écoute, prête l'oreille ; le regard ramené au public indique qu'on entend ; la surélévation des sourcils signifie qu'on subit une impression ; le sourire raconte que cette impression est plaisante.

A comparer cette expression avec celle de la figure 148, qui écoute simplement.

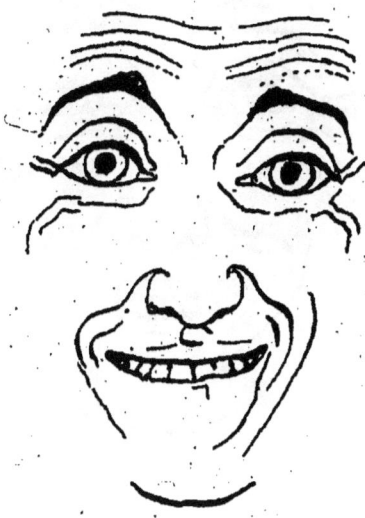

Fig. 178.

Est-elle jolie !
M'en suis-je bien tiré !
Quelle chance.

Quelle aubaine.
Joie inespérée.

Mouvements principaux : Mordillement de la lèvre inférieure. — Surélévation des sourcils. — Lèvres et joues souriantes.

Attitudes : 13.

On se mord la lèvre pour ne pas laisser éclater sa surprise ; l'épanouissement de la face indique que la surprise est heureuse.

En accompagnant cette expression de la surélévation des épaules, on accentue éloquemment le sentiment de la surprise joyeuse.

Fig. 179.

Contentement.   Satisfaction physique.
Jouissance.   Gaieté.

Mouvements principaux : Les lèvres s'étirent largement, faisant remonter les joues qui plissent sous les yeux. — Les sourcils sont très élevés, formant des rides sur tout le front.

Attitudes : 9 et 10.

La grande surélévation des sourcils indique que le personnage est fortement impressionné ; le large sourire révèle que l'impression est des plus agréables ; la totalité de l'expression manifeste une complète satisfaction des appétits charnels ou le chatouillement d'une idée sensuelle et grossière.

Les attitudes que nous attribuons à cette expression la complète dans ce sens.

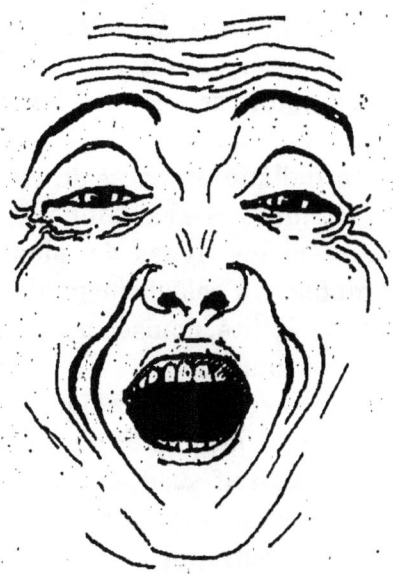

Fig. 180.

L'éclat de rire.

Mêmes signes que ceux de la figure précédente, mais poussés à leur maximum d'intensité.

Attitude : 23.

Fig. 181.

Pâmé de plaisir.   Sensation excessive.

Mouvements principaux : Le renversement de la tête. —

Le renversement des yeux. — Le relâchement des paupières supérieures. — La surélévation des sourcils. — L'écartement excessif des commissures des lèvres découvrant les dents supérieures.

Cette expression indique un excès de sensation:

Dans cet état, les muscles abandonnés à eux-mêmes s'immobilisent, conservant les signes du plus haut degré de la sensation. Néanmoins, au relâchement de certains muscles, il apparaît que la sensibilité, épuisée par un trop grand effort, est considérablement diminuée.

La surélévation des sourcils témoigne de l'empire absolu de la sensation, excluant jusqu'à là plus légère apparence de volonté; le sourire excessif accuse la satisfaction; mais les yeux convulsés et le relâchement de la paupière supérieure trahissent l'excès de la sensation et l'impuissance à l'éprouver davantage.

Fig. 182.

Pâmé de douleur.   Excès de la sensation.

Mêmes signes que ceux de la figure précédente avec cette légère différence que des lignes verticales subsistent à la base du front, mêlées aux lignes transversales, ce qui témoigné d'une lutte instinctive et sourde contre la douleur, et que les coins de la bouche sont légèrement tirés vers le bas en dépit de leur excessif écartement, ce qui indique que la sensation est désagréable. Ceci dit, toutes les observations faites sur la figure précédente peuvent se rapporter à celle-ci.

En somme, ces deux expressions signifient surtout : excès de la sensibilité ; la cause, agréable ou douloureuse, ne se manifestant que par de légères nuances.

Fig. 183.

Hébétement.   Gâtisme.
Déchéance morale.   Inintelligence absolue.

Mouvements principaux : Surélévation des sourcils. — Relâchement des paupières supérieures, de la mâchoire inférieure et de tous les muscles inférieurs de la face.

Attitude : 10.

A noter que dans cette expression les signes ne sont pas accidentels et passagers, mais permanents, chroniques, définitifs.

Toute manifestation de la volonté a disparu. La surélévation des sourcils et le plissement du front indiquent que le sujet subit constamment des influences à un degré quelconque ; mais le relâchement définitif de tous les muscles inférieurs de la physionomie proclame l'impuissance absolue de vouloir, d'agir ou de réagir. C'est la mort intellectuelle.

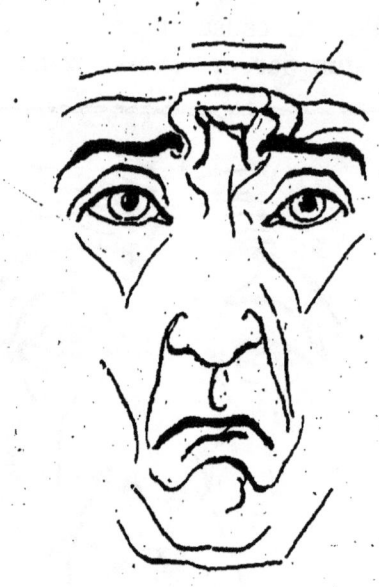

Fig. 181.

Être penaud.   Je suis roulé.
Pris au piège.   Trompé, battu, puni.

Mouvements principaux :
Mouvements contrariés des sourcils et des plis du front. — Allongement du visage produit par l'abaissement de la mâchoire inférieure. — Coins de la bouche tirés vers le bas.

Attitudes : 8 et 38.

La surélévation des sourcils et l'affaissement des muscles inférieurs sont l'aveu de la sottise ou de la faute commise ; les coins de la bouche tirés vers le bas et les plissements verticaux qui apparaissent à la base du front signifient le regret et le mécontentement éprouvés.

Fig. 185.

Regrets.   Honte.
Remords.   Confusion.

Mouvements principaux :
Inclinaison de la tête. — Mouvements doubles et contrariés des sourcils. — Amertume de la bouche. — Retrait du corps sur la jambe qui est en arrière.

Attitude : 15.

La tête s'incline comme pour se cacher, ce qui a aussi pour effet de masquer le regard ; les lèvres remontées par le retroussement des ailes du nez et, en même temps, tirées par les coins vers le bas, expriment le dégoût qu'on a de soi-même ; les rides transversales et verticales qui se contrarient sur le front indiquent tout à la fois la pénible impression ressentie et l'irritation de se trouver en pareille posture.

La surélévation des épaules accentue cette expression.

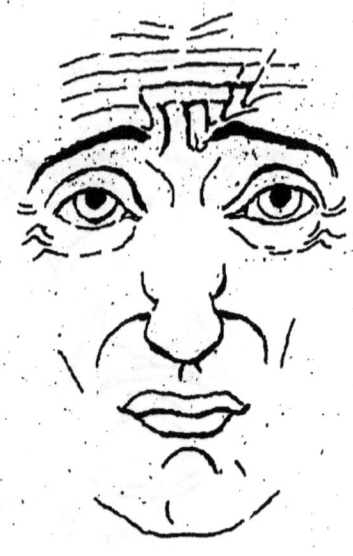

Fig. 186.

Mendier.   Implorer.
Apitoyer.   Se plaindre.

Mouvements principaux : Inclinaison de la tête. — Plissements contrariés sur le front. — Joues remontées, plissant sous les yeux. — Lèvres avancées et boursouflées.

Attitude : 33.

Tous les signes de cette expression : Mouvements contrariés des sourcils, contraction des joues occasionnant des plissements sous les yeux et sur le nez, caractérisent l'envie de pleurer. Ils sont faits pour attendrir, apitoyer. L'avancement et le boursouflement des lèvres sont tout à la fois des signes du baiser et de la prière plaintive. Ils ont pour but d'exciter la bienveillance, la charité. L'inclinaison plus ou moins accentuée de la tête exprime la timidité honteuse.

Fig. 187.

Attendrissement.   Avoir le cœur gros.
Envie de pleurer.   Sanglots retenus.

Mouvements principaux :
Mouvements contrariés des sourcils et des plissements du front. — Contraction des joues. — Coins de la bouche tirés vers le bas.

Attitudes diverses.
La surélévation des sourcils formant des rides horizontales indique qu'on est en proie à une violente émotion ; mais, en même temps, le rapprochement des sourcils faisant naître des plissements verticaux ; révèle l'effort qu'on fait pour résister à cette émotion, ou tout au moins pour en retenir la manifestation. Néanmoins, les contractions des joues et l'amertume des lèvres laissent voir que l'émotion l'emporte sur la volonté.

Fig. 188.

Pleurer.   Éclater en sanglots.

Mêmes signes que ceux de la figure précédente ; mais beaucoup plus accentués. La contraction des joues et des muscles inférieurs de la face augmente, rapetissant encore les yeux, pendant que la bouche s'entr'ouvre, de plus en plus grimaçante.

Il est évident que ces mouvements provoqués par le chagrin et la souffrance, s'exécutent instinctivement et involontairement dans un but de soulagement, de même qu'on crie dans la douleur, qu'on bâille quand on a sommeil, qu'on rit lorsqu'on est chatouillé..., etc.

Fig. 189.

Paroxysme de la douleur physique.

Mouvements principaux : La surélévation excessive des sourcils. — Les yeux dilatés. — La bouche grimaçante, s'ouvrant pour laisser passer les cris. — Contraction de tous les muscles de la face.

Attitudes : 16 et 48.

La surévélation excessive des sourcils, couvrant le front de rides horizontales et effaçant totalement les plis verticaux, indique que la sensation a tout envahi et qu'elle domine exclusivement. La volonté a disparu, impuissante. L'être éperdu, affolé, hurle lamentablement, n'ayant qu'une perception unique : une douleur démesurée. A peine lui reste-t-il une lueur d'intelligence pour souhaiter la mort.

Ainsi que pour toutes les émotions excessives, la surélévation des épaules accompagne toujours cette expression.

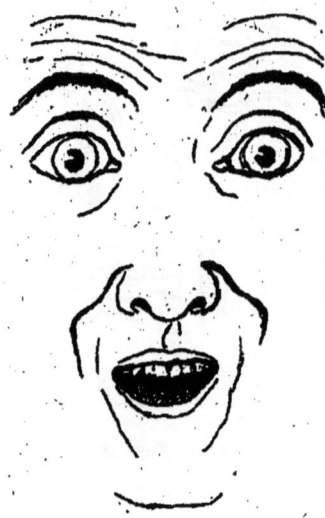

Fig. 190.

Étonnement.

Mouvements principaux :
Surélévation des sourcils. — La bouche s'ouvrant pour une exclamation. — Surélévation des épaules.

Attitude : 15.

La sensation soudaine, paralysant momentanément toutes les facultés, se traduit par la surélévation des sourcils; la bouche s'ouvre pour proférer un cri. Le sourire ébauché dans la présente figure indique que la surprise est plutôt agréable.

Fig. 191.

Stupéfaction.

Mêmes mouvements que ceux de la figure précédente, mais beaucoup plus prononcés.

Attitude : 16.

C'est l'étonnement porté à son comble. Tout l'être est stupéfié, immobilisé. La volonté et l'intelligence sont tout à fait absentes.

A ce degré-là, l'étonnement ne permet même plus le signe de la joie. Ainsi que nous allons le montrer, la stupéfaction ne peut s'allier qu'à un sentiment de crainte.

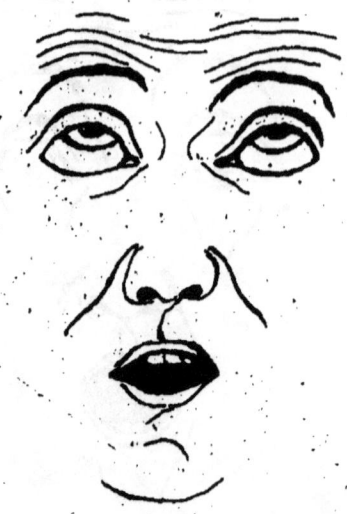

Fig. 192.

Extase.   Ravissement.

Mouvements principaux :

Surélévation des sourcils.
Regard dirigé vers le ciel.
Mâchoire inférieure retombante.
Tête renversée.

Attitude : 16.

Le mouvement des sourcils indique qu'on est en proie à une impression toute-puissante ; la direction du regard montre que cette impression vient du ciel ; le relâchement de la mâchoire inférieure signifie que la volonté est absente et que l'individu s'oublie lui-même.

Fig. 193.

Épouvante.   Vision terrifiante.

Mêmes mouvements que ceux de la figure 191, avec, en plus, ne contraction dans les sourcils qui indique que la cause e la stupéfaction est un spectacle horrible ou l'approche 'un danger épouvantable.

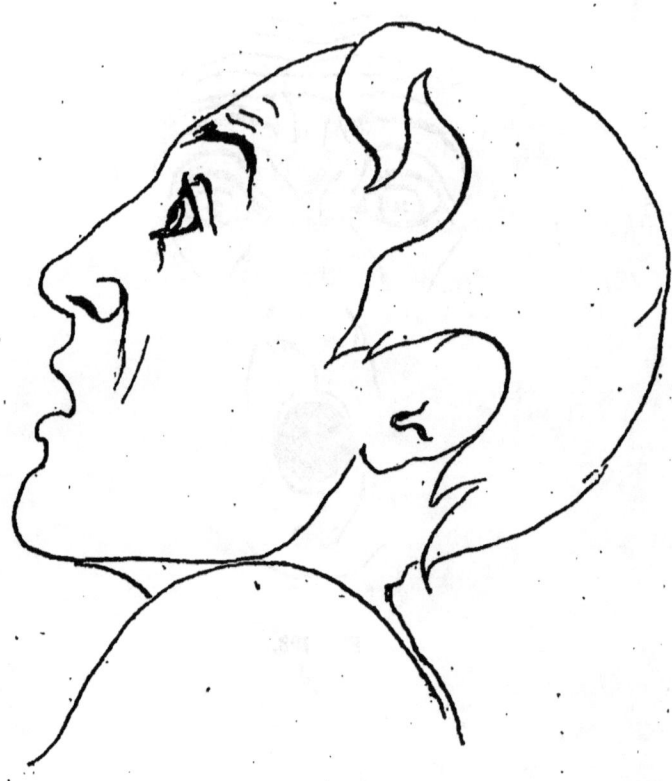

Fig. 194.

La même que la précédente, vue de profil.

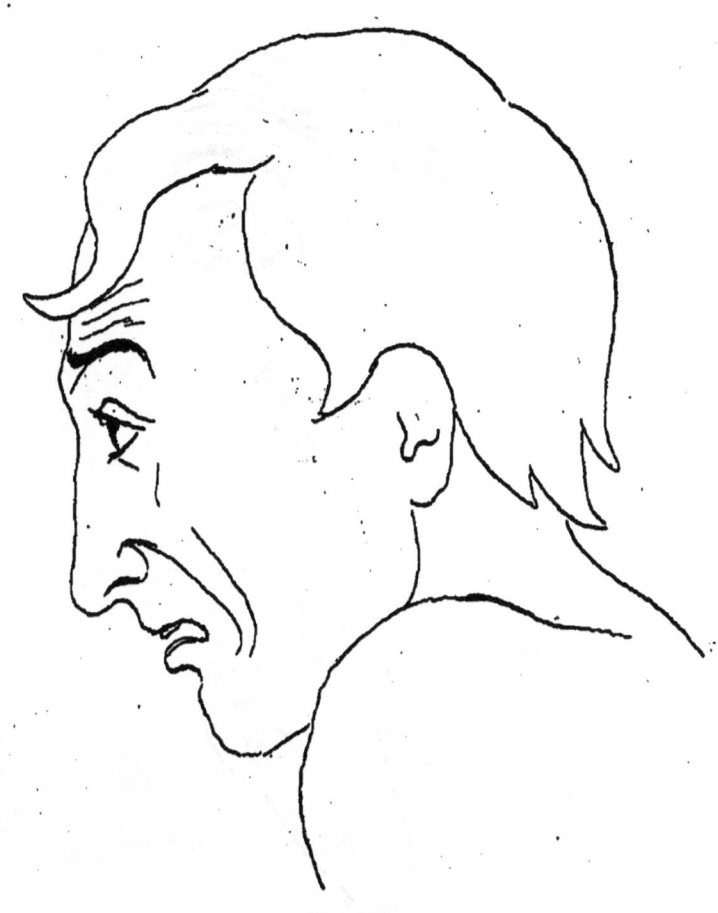

Fig. 195.

Égarement. Sensation d'une bête aux abois.
Affolement.

Mêmes mouvements que ceux des dernières figures, avec cette différence que la tête est baissée et que l'être s'agite au lieu d'être pétrifié.

La volonté et l'intelligence ont déserté devant l'imminence et l'horreur du péril ; à présent, mû par une impulsion purement instinctive, l'être affolé, absolument privé de raison, se démène sans but et tourne dans le même cercle, incapable de faire quoi que ce soit d'utile à son salut.

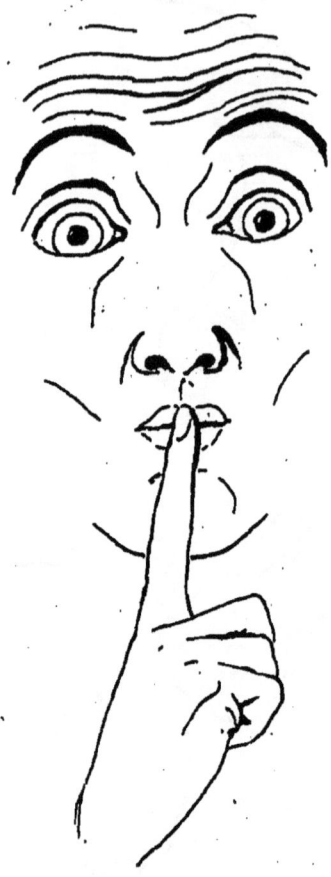

Fig. 196.

Silence !

Mouvements principaux :
La tête portée en avant. — L'index appuyé sur les lèvres rapetissées. — Les sourcils surélevés.

Cette figure exprime avec une grande énergie la recommandation de ne pas parler, l'ordre de garder le silence.

Celui qui fait ce signe impose évidemment sa volonté.

Or, pendant un moment, nous avons été assez embarrassés pour nous expliquer la raison de la surélévation des sourcils qui, nous l'avons vu, indique plutôt l'absence de la volonté.

Voici la raison que nous avons trouvée :

Pour rendre la recommandation plus efficace, on y joint une menace. L'expression signifierait donc : silence, sous peine de quelque chose d'effrayant. Et ce quelque chose d'effrayant est précisément exprimé par la surélévation des sourcils qui caractérise toujours l'épouvante.

Nous avons pensé un instant à entreprendre, pour les attitudes et les mouvements complémentaires, un travail aussi détaillé que celui que nous venons d'achever pour les jeux de la physionomie. Mais cela nous aurait entraîné à tant de détails fastidieux, à tant de redites ennuyeuses que nous avons craint de lasser l'attention du lecteur.

D'ailleurs, tous les éléments des attitudes se trouvant au chapitre intitulé : *Examen détaillé des mouvements du corps et des membres*, il est désormais aussi facile à l'artiste qu'à nous-mêmes de les assembler pour en former des attitudes complètes.

Nous voici donc au bout de notre tâche.

Certes, nous n'avons pas tout dit. Nous avons conscience d'avoir fait beaucoup d'omissions ; il se peut même qu'il nous soit échappé des erreurs. Néanmoins, il nous semble que nous sommes dans la bonne voie, et qu'en associant, comme nous l'avons fait, le lecteur à nos efforts, en lui dévoilant notre méthode de recherches, en travaillant pour ainsi dire sous ses yeux, il nous semble, disons-nous, que nous lui

L'ART MIMIQUE.

ons appris, non seulement à nous suivre et à partager
es de nos petites découvertes, mais encore à nous dépas
à perfectionner lui-même ce premier essai de l'
mique, ou, si l'on préfère, cette tentative de reconstitut
langage naturel.

FIN DE L'ART MIMIQUE

TRAITÉ
DE LA PANTOMIME

TRAITÉ
DE LA PANTOMIME

CHAPITRE PREMIER

De la pantomime au théâtre.

Nous avons vu dans la première partie de cet ouvrage que pour tout ce qui a rapport à la représentation de l'humanité, tous les artistes sont obligés de recourir au langage naturel.

Il apparaît donc comme nécessaire, qu'il y ait un art mimique, que cet art soit cultivé, enseigné et dirigé dans une voie de progrès où il puisse atteindre à la perfection.

Nous pensons que le meilleur moyen de perfectionner l'art mimique, c'est de jouer la pantomime; non plus par fantaisie, comme on l'a fait jusqu'à ce jour, mais avec méthode, en observant certaines règles, et en enregistrant les progrès obtenus.

Voici donc, pour la pantomime, une première raison d'être.

Mais une autre question se présente ici:

La pantomime possède-t-elle les ressources nécessaires pour devenir un spectacle suffisamment complet, intelligible et intéressant, digne enfin d'être offert au public?

Beaucoup de gens témoignent un profond dédain pour la pantomime, et la condamnent sans autre forme de procès.

Si l'on n'en juge que d'après les exemples qu'on nous en offre un peu de tous côtés, on n'a pas tout à fait tort de se montrer sévère. La plupart du temps, nous voyons représenter des pièces mal composées, jouées par des artistes qui n'entendent rien à l'art de mimer, d'où il résulte une impression de fatigue et d'ennui fort compréhensible.

Il faut bien avouer aussi qu'une comédie mal faite, interprétée par de mauvais acteurs, n'est pas non plus un spectacle bien agréable.

Aussi, quand nous demandons si la pantomime peut devenir un spectacle digne d'être offert au public, n'entendons-nous parler que de celle qui existera lorsque les auteurs et les artistes auront appris à se servir du langage mimique.

Mais, pourra-t-on nous objecter, en admettant qu'on nous donne un jour des pantomimes parfaitement claires et intelligibles?

Le champ de leur action ne sera-t-il pas très borné?

A quoi bon la pantomime, puisque nous avons la comédie?

A quoi bon la mimique, puisque nous avons la parole?

Pourquoi nous contenter de moins, puisque nous avons tout?

Nous allons tâcher de répondre à toutes ces questions.

Il importe, avant tout, pour se former une opinion claire sur la pantomime, de se rendre un compte exact de ses ressources et de ses difficultés.

Nous allons d'abord analyser les éléments prestigieux qui constituent le charme éternel qui attire la foule au théâtre.

En voici, croyons-nous, le tableau complet :

1° Les beautés littéraires de la pièce.
2° La déclamation, le chant et le charme de la voix humaine.
3° L'attrait qui résulte de l'intrigue et des situations.
4° La mise en scène (mouvements, groupements, tableaux).
5° La mimique des artistes (attitudes, jeux de physionomie, gestes).
6° La personne même des artistes.
7° Les costumes.
8° Les décors et les accessoires.
9° Les effets de lumière.
10° La musique.
11° La danse.
12° L'intérêt qu'offre le public même d'une salle de spectacle.

N'est-il pas évident qu'à l'exception des deux premiers articles, la pantomime dispose de tout le reste?

Et ce reste n'est-il pas précisément ce qui nous procure l'illusion captivante que nous allons chercher au spectacle?

Autrement dit, n'est-ce pas ce dont jouirait un sourd en voyant jouer le *Barbier de Séville*, par exemple?

Nous pouvons imaginer, au contraire, un aveugle assistant à la même représentation.

Chacun de ces deux infirmes éprouverait un plaisir différent : le premier verrait jouer une pantomime; le second entendrait déclamer une belle œuvre.

Nous n'avons pas à décider ici lequel des deux perdrait le plus.

Ce que nous prétendons prouver, c'est que dans toutes pièces de théâtre, la pantomime occupe une place considérable. Et, en y réfléchissant, on entrevoit que si l'une de ces pièces avait été composée spécialement pour être mimée, et que si une musique habilement faite était venue souligner le geste et remplacer la parole, il en eût résulté un spectacle peut-être tout aussi intéressant.

Il est bien entendu que nous ne parlons pas des chefs-d'œuvre. Nous sommes trop épris de littérature pour qu'il nous vienne à l'idée d'établir un parallèle quelconque entre une pièce vraiment littéraire et une pantomime. Nous dirons même qu'il est des œuvres si exquises ou si sublimes, — telles certaines pièces de Musset et d'Hugo, pour ne citer que ces deux maîtres, — qu'elles gagnent à être savourées chez soi, en dehors des savants prestiges de la scène.

Nous ne voulons donc parler que du théâtre ordinaire, du théâtre pour tous, du gros drame, du gros vaudeville, où l'on ne dit que l'indispensable, où l'action est rapide. Et les maîtres du genre connaissent bien la formule : Peu de phrases; de l'action, de l'action, de l'action.

Eh bien, la pantomime est la mise en pratique de ce principe poussé à l'absolu: pas de paroles du tout; rien que de l'action.

D'autre part, il ne faut pas considérer la pantomime comme un tour de force qui consisterait à jouer une pièce en se privant volontairement et *sans raison* du secours de la parole, ce qui serait absurde.

Ce serait se donner une peine aussi puérile, aussi inutile que celle qui consiste à écrire un ouvrage littéraire en s'interdisant l'emploi des mots qui renferment des *i* ou des *o*, ou à jouer du violon sur son dos, ou à peindre avec son pied. La difficulté des moyens employés n'ajoute rien à l'ouvrage littéraire, ni à l'exécution du morceau de violon, ni à la peinture. Les résultats sont généralement plus mauvais, et c'est tout.

Aussi ne faut-il pas demander au public de nous tenir compte des difficultés que présente une œuvre mimée, mais seulement de considérer cette œuvre au point de vue de *la sensation absolument spéciale qu'elle doit lui procurer.*

En effet, la principale raison d'être de la pantomime, c'est que par son action rapide et silencieuse elle nous donne une émotion très différente de celle que la comédie nous fait éprouver, une émotion mystérieuse, analogue à celle que nous ressentons dans les rêves.

Un tableau ne parle pas; les statues sont muettes; or, personne ne conteste le charme intense qu'exercent sur nous la peinture et la sculpture.

Eh bien, si vous le voulez, nos pantomimes seront des tableaux animés, nos personnages des statues vivantes. En tout cas, ces œuvres seront autre chose que des comédies. Eh, qu'importent les moyens, si nous parvenons à vous donner un frisson nouveau!

« La pantomime, dit Marmontel, parle aux yeux un langage
« plus passionné que celui de la parole; elle est plus véhé-
« mente que l'éloquence même, et aucune langue n'est en
« état d'en égaler la force et la chaleur. »

Sans doute, dans l'état de civilisation compliquée où nous nous trouvons, la pantomime est impuissante à exprimer toutes nos idées; mais ce qui est de son domaine, elle l'exprime, comme dit Marmontel, plus passionnément et avec plus de véhémence que la parole.

En voici la raison :

La parole n'est en somme qu'un moyen purement conventionnel adopté par les humains pour échanger leurs idées; aucun mot n'est l'expression exclusive, nécessaire d'une idée; il n'en est que le signe arbitraire, convenu, accepté.

Nous sommes obligés d'apprendre la signification des mots dont nous faisons usage, et, quand nous les entendons prononcer, c'est encore en vertu d'un effort rapide de notre mémoire que nous établissons un rapport entre le signe et la chose signifiée, entre le mot et la chose.

Ce qui le prouve, c'est que nos voisins immédiats (Allemands, Italiens, etc.) emploient des mots différents des nôtres pour dire : j'aime, j'ai faim.

Il n'est donc pas étonnant qu'un sentiment exprimé avec des mots perde quelque peu de sa chaleur et de sa puissance sur notre sensibilité en passant par cet intermédiaire, si admirable qu'il soit.

La pantomime, au contraire, est un langage immédiat, spontané, identique ; il n'est pas seulement le signe convenu d'une sensation, il est cette sensation même. Et c'est pourquoi ce langage est non seulement compris, mais encore ressenti.

Un dernier argument :

Le lecteur n'ignore pas que les verbes sont l'âme et la vie d'une langue ; or nous démontrerons par la suite que presque tous les mots que nous interpréterons par la mimique sont ou deviennent forcément des verbes.

Les mouvements mimiques sont donc des verbes vivants, des paroles animées, visibles, agissantes.

En résumé, nous croyons pouvoir affirmer que la pantomime doit être cultivée et encouragée pour deux raisons :

Premièrement, parce qu'elle est le meilleur moyen de perfectionner l'art mimique.

Deuxièmement, parce qu'elle peut devenir un spectacle capable de nous faire éprouver une sensation artistique absolument spéciale.

L'unique problème, pour les auteurs et les artistes, est donc celui-ci : savoir se servir du langage mimique.

CHAPITRE II

Des ressources et des difficultés.

Pour faire une pantomime, un auteur est tenu, non seulement d'écrire un bon scénario, mais encore de composer sa pièce de telle façon que chaque scène puisse être facilement interprétée par la mimique.

Il faut, en outre, qu'il soit en état de faire lui-même la mise en scène de sa pièce.

Il lui est donc indispensable d'avoir une parfaite connaissance de l'art mimique et des moyens du théâtre.

En un mot, il faut qu'il sache exactement quelles sont les ressources dont il dispose et quelles sont les difficultés qu'il va rencontrer, afin de pouvoir se servir des premières et éviter les secondes.

Et voilà pourquoi nous avons entrepris d'examiner, avec un soin qui paraîtra peut-être un peu méticuleux, mais qui est nécessaire pourtant :

1° Ce que deviennent les dix parties du discours de la langue française dans l'interprétation mimique ;

2° Quels sont les dangers à éviter ;

3° Quelles sont les ressources que nous offre l'emploi des moyens du théâtre.

CHAPITRE III

De l'interprétation des éléments du discours.

Du pronom.

Nous exprimons facilement les pronoms personnels au moyen d'un simple geste indicatif :

Je.	Tu.	Il.
Moi.	Toi.	Lui.
Nous.	Vous.	Eux.

A remarquer toutefois, pour les pronoms personnels de la troisième personne, que nous ne pouvons les interpréter qu'à la condition qu'ils s'appliquent à des personnages présents.

Nous exprimons également bien les pronoms possessifs :

Mon.	Ton.	Son.
Le mien.	Le tien.	Le sien.
A moi.	A toi.	A lui.
Notre.	Votre.	Leur.
Le nôtre.	Le vôtre.	Le leur.
A nous.	A vous.	A eux.

Même remarque que précédemment pour la troisième personne.

Nous exprimons encore mieux les pronoms démonstratifs :

Ce.	Celui-ci.
Ceci.	Celui-là.
Cela.	

Les pronoms réfléchis :

Se.   En.
Soi.   Y.

deviennent des pronoms personnels ou démonstratifs.

Mais nous devons renoncer absolument aux pronoms relatifs :

Qui.   Lequel.
Que.   Dont.

Ainsi qu'aux pronoms indéfinis suivants :

On.   Quiconque.
Autrui.   Certain.
Nul.   Quelque.
Tel.   Quelconque.

A remarquer que c'est surtout à cause de leur signification vague et indécise que nous ne pouvons les interpréter, le langage mimique étant un langage précis, nous pourrions presque dire : matériel, puisqu'il ne s'exprime que par du visible.

Voici pourtant quelques pronoms indéfinis que nous pourrons mimer quand ils auront rapport à des objets ou à des personnes présentes :

L'un.   Aucun.
L'autre.   Pas un.
Chaque.   Personne.
Plusieurs.

En somme, les pronoms ne nous présentent pas de difficultés.

Du verbe.

« La fonction du verbe est d'exprimer des actions, des
« passions et des situations. »

LÉVIZAC.

Aussi est-il le mot par excellence et presque le mot unique du langage mimique, puisque la pantomime ne s'exprime que par du mouvement et de l'action.

Une considération très importante concernant le verbe est cette vérité émise par tous les grammairiens :

Il n'y a qu'un seul verbe qui est : Être.

« Le caractère essentiel et distinctif du verbe, dit Estarac, « est d'exprimer l'existence intellectuelle d'un sujet avec telle « ou telle modification. »

« Le désir d'abréger le discours a porté les hommes à « inventer des mots qui renferment et le verbe être et « l'attribut. Il aime, signifie : il est aimant. »

Napoléon Landais.

Aussi serait-il désirable que les auteurs et les mimes voulussent bien considérer les pronoms personnels mimés : *Je — tu — il — nous — vous — ils*, comme signifiant : *Je suis — tu es — il est — nous sommes — vous êtes — ils sont*, ce qu'ils signifient véritablement d'ailleurs, puisqu'ils ne s'expriment qu'en indiquant réellement la personne :

Je — moi, qui suis là réellement présent.
Tu — toi, qui es là réellement présent.

En sorte que lorsque nous mimons :

Je veux.	*Nous écoutons.*
Tu bois.	*Vous pleurez.*
Il dort.	*Ils dansent.*

Les deux gestes que nous faisons signifient expressément :

Je suis — voulant.	*Nous sommes — écoutant.*
Tu es — buvant.	*Vous êtes — pleurant.*
Il est — dormant.	*Ils sont — dansant.*

Mais ces exemples ne nous donnent que le présent de l'indicatif du verbe être, et le participe présent des verbes *vouloir, boire,* etc.

Or, une grave question apparaît ici : pouvons-nous conjuguer mimiquement les verbes à tous les temps?

Évidemment, non ; nous ne pouvons pas les conjuguer dans le vrai sens du mot. Il nous est absolument impossible de donner aux gestes signifiant *tu es buvant*, une nuance capable de leur faire exprimer : *tu buvais, tu as bu, tu boiras*.

Mais ce qui nous est possible, c'est de faire naître la sensation de ces temps, tout au moins des principaux, au moyen de certaines combinaisons scéniques.

C'est l'essentiel.

Supposons, par exemple, cette scène :

Un monsieur, en costume de bal, rentre chez lui, sa femme l'accueille par cette phrase :

Pendant que là-bas tu dansais, seule, ici, je pleurais.

Voici ce que l'artiste peut mimer strictement :

Là-bas — toi danser, — seule — ici — moi pleurer.

A la lecture, cette phrase est sensiblement différente de la première, nous en convenons.

Mais il ne s'agit pas d'entendre prononcer cette phrase ; il s'agit de la voir mimer.

Examinons donc l'impression qu'elle peut faire sur nous.

Nous voyons un monsieur qui arrive du bal. Le fait est accompli. Ce monsieur *a été* au bal dans un temps passé.

D'un air de reproche, sa femme lui dit : *Là-bas — toi danser*. Mais nous n'entendons pas ces mots ; nous voyons des gestes. Le geste *Là-bas* signifie pour nous : le bal où était son mari. Les gestes *toi danser* ne nous donnent nullement l'idée que le monsieur *est dansant* actuellement, mais bien *qu'il était dansant là-bas, au bal d'où il vient*.

Spontanément, pour les spectateurs, ces mots : *là-bas, toi danser*, signifient, sans la moindre équivoque : *là-bas, au bal, tu étais dansant*.

Et quand l'artiste ajoute : *Seule, ici, moi pleurer*, comme nous ne voyons que des gestes exprimant : *Seule, ici, moi, action de pleurer*, nous rapportons fatalement l'action de pleurer au temps où le monsieur accomplissait l'action de danser.

En sorte, qu'au total, les gestes précités nous donnent la sensation de cette phrase : *Pendant que là-bas, au bal, tu dansais, seule, ici, je pleurais.*

Pendant que sont deux mots qu'il nous est impossible de mimer; mais la totalité de la phrase les fait naître dans l'esprit aussi clairement que s'ils étaient prononcés.

Par un léger changement de mise en scène, le *futur* se dégagera tout aussi facilement que le passé.

Nous n'avons qu'à supposer que le monsieur en costume de bal se dispose à sortir. Sa femme le retient et fait exactement les mêmes gestes que dans le cas précédent, soit :

Là-bas, toi danser, seule, ici, moi pleurer,

Par le seul fait que le monsieur va sortir, qu'il se rend au bal, qu'il n'y est pas encore, et que, par conséquent, il n'y accomplira l'action de danser qu'au futur, la mimique de sa femme ne peut se traduire dans notre esprit que par cette phrase :

Pendant que là-bas, au bal, tu danseras, seule; ici, je pleurerai.

Et c'est toujours par le même moyen que nous pouvons provoquer la sensation du conditionnel.

Si notre monsieur, au lieu d'être décidé à partir, semble hésiter, si sa femme paraît conserver quelque espoir de le retenir, le sens de notre phrase prendra naturellement une forme conditionnelle, et sera comprise ainsi :

Si tu allais là-bas, au bal, danser, seule, ici, je pleurerais.

C'est donc la situation scénique qui rapporte naturellement le verbe mimé au temps voulu.

On comprendra qu'il nous est absolument indifférent qu'un verbe soit ou actif, ou passif, ou neutre, régulier ou irrégulier; nous n'avons nullement à tenir compte de ces distinctions grammaticales.

Nous n'avons à nous préoccuper uniquement que des différents genres de mouvements que nous devons exécuter pour exprimer clairement tel ou tel verbe.

En ne les considérant qu'à ce point de vue, nous trouvons

que les verbes mimés peuvent se diviser en deux classes parfaitement distinctes, à savoir :

Les verbes d'action. *Les verbes de sensation.*

Par verbe d'action, nous entendons tous les verbes que nous exprimons en faisant le simulacre d'accomplir une action. Il est à remarquer que nous les exprimons par des mouvements *volontaires, réfléchis, composés.* Il faut considérer en outre que nous les exprimons principalement par des gestes proprement dits, c'est-à-dire : avec les mains, les bras, les jambes.

Lire. Coudre.
Écrire. Appeler.
Brosser. Repousser.

sont des verbes d'action.

Par verbes de sensation, nous comprenons tous les verbes que nous exprimons en imitant les signes qui trahissent une sensation, une émotion.

Ce qui les distingue des verbes d'action, c'est que les mouvements qui les expriment sont *involontaires, instinctifs, spontanés.*

A remarquer que nous les exprimons surtout par des jeux de physionomie.

Tressaillir. Admirer.
S'étonner. Rire.
S'épouvanter. Pleurer.

sont des verbes de sensation.

Quant à la possibilité de les exprimer, elle dépend, ainsi que pour tous les autres mots, du plus ou moins de *visibilité* des signes ou des mouvements qui caractérisent soit l'action, soit la sensation.

Ainsi, il est bien évident que les verbes :

Combiner. Multiplier.
Philosopher. Patienter.
Calculer. Persévérer.

offrent infiniment plus de difficultés que les verbes :

Boire — s'étonner — appeler..., etc.

Du participe.

Nous ne saurions considérer les participes autrement que comme des verbes.

De l'article.

Nous ne pouvons pas mimer l'article.
Mais à l'exemple d'un grand nombre de langues, le langage mimique peut fort bien s'en passer.
On s'en consolera facilement, d'ailleurs, si l'on songe que la langue française n'avait point d'article dans son origine et que ce ne fut qu'au temps de Henri Ier qu'on y introduisit ce mot qui la rend plus douce et plus coulante.

Du substantif.

Pour nous, il n'y a pas de substantifs.
La raison est simple :
Il nous est impossible d'en exprimer un seul.
Au premier abord, cette affirmation surprendra une foule de gens et plus particulièrement les mimes.
Pour leur enlever tout espèce de doute à cet égard, nous les prierons d'essayer de traduire par la mimique les substantifs les plus simples. Par exemple :
Un éventail. — un mendiant.
C'est en vain qu'ils tenteront de décrire par le geste, de dessiner dans l'espace la forme et les dimensions d'un éventail, la silhouette d'un mendiant; ils en arriveront forcément, en désespoir de cause, au seul moyen possible qui est :
Faire le geste de s'éventer, pour exprimer le mot *éventail*.
Faire le geste de demander l'aumône, pour exprimer le mot *mendiant*.

Certes, tout le monde sait fort bien que c'est avec un éventail qu'on s'évente et qu'un homme qui demande l'aumône est un mendiant.

On ne peut pas nier, non plus, qu'après avoir dit :

Donnez-moi, si on ajoute le geste de s'éventer, tout le monde ne comprenne que c'est un éventail qu'on demande.

Il n'en est pas moins vrai qu'on n'aura pas dit :

Donnez-moi un éventail.

Mais bien :

Donnez-moi ce qui sert à *s'éventer*. Or, le verbe *s'éventer* n'est pas le substantif *éventail*.

Voilà ce que deviendront tous les substantifs, sans exception.

Notons encore que dans la plupart des cas les substantifs ne seront pas exprimés par les verbes dont ils sont formés, comme éventail qui est formé de s'éventer, mais bien par des verbes qui n'auront, en tant que mots, aucun rapport avec ces substantifs.

Ainsi *une clef* s'exprimera par le verbe *ouvrir*.

Donnez-moi la clef se traduira par : *Donnez-moi* ce qui sert à *ouvrir* (ce qui sert étant sous entendu).

Bref, le substantif *clef* devient le verbe *ouvrir*.

Nous exprimerons donc les substantifs signifiant des objets par le verbe qui caractérise leur usage :

    Une plume (ce qui sert à) écrire.
    Un peigne   —   se peigner.
    Un verre   —   boire.
    Une aiguille   —   coudre.

Des personnes et des animaux par le verbe qui caractérise leur action habituelle ou leur fonction, ou leur manière d'être :

Un cocher (dont l'action habituelle est) de conduire.
Un balayeur   —   de balayer.
Un chef d'orchestre   —   de battre la mesure.
Un maître d'armes   —   de se fendre.
Un chien   —   d'aboyer.
Un cheval   —   de galoper.

Des qualités par le verbe qui caractérise l'impression qu'ils font sur nous.

La beauté (ce qui nous porte) à admirer.
Le ridicule — à nous moquer.
Le scandale — à nous exclamer.
Le danger — à nous épouvanter.
L'inattendu — à nous étonner.
La fatuité — à nous rengorger.
La modestie — à baisser les yeux.
L'hypocrisie — à feindre.
La rapacité — à voler, à agripper.

Il est un grand nombre de substantifs que nous ne pourrons exprimer que par un ou plusieurs verbes qui caractériseront l'usage ou l'action d'un autre objet propre cependant à *suggérer* l'idée du substantif que nous ne pourrons pas exprimer directement.

Par exemple, *un canot* : ce dont on se sert en faisant l'action de *ramer* (en se servant de rames).

Ainsi le substantif *canot* est suggéré par le verbe *ramer* (se servir de rames).

Enfin, il est des substantifs dont aucun verbe ne pourra exprimer, ni même suggérer l'usage, l'action ou la manière d'être :

Un citoyen.
Un employé.
Un mois.

Une vertu.
De l'acide azotique.
Un navet.

Tous les noms propres.

En général, ce sont les substantifs qui nous offriront le plus de difficultés.

De l'adjectif.

Nous sommes obligés d'en faire une classification spéciale qui n'a aucun rapport avec la grammaire.

Nous les diviserons en quatre catégories, savoir :

Les adjectifs verbaux qui pour nous sont purement des verbes.

Les adjectifs d'imitation qui se résument en verbes d'action.

Les adjectifs de sensation qui se résument en verbes de sensation.

Les adjectifs descriptifs qu'on peut exprimer d'un geste.

Ainsi qu'on le voit, à part la quatrième catégorie qui ne comprend qu'un très petit nombre de mots, tous les adjectifs sont pour nous des verbes, ou s'expriment par des verbes.

Les adjectifs verbaux ne peuvent être considérés par nous que comme des verbes :

Des femmes *souriantes*, — *grimaçantes*, — *bondissantes*.

Des femmes qui sont accomplissant l'action de : *sourire*, — *grimacer*, — *bondir*.

Les adjectifs d'imitation qui se résument en verbes d'action, sont des mots que nous exprimons par l'imitation de l'action qui caractérise une qualité constante en un état accidentel :

Vif.	S'agiter vite.
Paresseux.	Marcher avec indolence.
Heureux.	S'épanouir, sourire.
Malheureux.	Souffrir, s'attrister.
Poltron.	Qui tremble.
Courageux.	Qui brave, qui défie.
Obséquieux.	Qui salue, qui s'empresse.

Les adjectifs de sensation qui se résument en verbes de sensation, sont des mots que nous exprimons par les signes de l'impression que leur qualité nous cause :

Amer	(qui a pour effet de nous)	répugner.
Doux, sucré	—	plaire aux lèvres.
Parfumé	—	dilater les narines.
Beau	—	réjouir les yeux.
Aimable	—	attirer.
Énivrant	—	troubler la raison.
Hideux	—	repousser.

Les adjectifs descriptifs sont des mots dont la qualité, la forme, la dimension ou la quantité peut être décrite d'un signe, d'un geste :

Un.	Mince.	Droit.
Deux.	Long.	Plié.
Cinq.	Court.	Courbé.
Premier.	Rond.	Bossu.
Deuxième.	Carré.	Bancal.
Grand.	Pointu.	Borgne.
Petit.	Plat.	Manchot.
Gros.		

Nous rencontrerons aussi quelques adjectifs dont la qualité ne pourra être exprimée que par *similitude*, c'est-à-dire en désignant un objet visible, autre que celui dont nous parlons, et qui posséderait ostensiblement la qualité que nous voulons exprimer :

Bleu.	Doré.	Dur.
Jaune.	Verni.	Mou.
Rouge.	Poli.	Sec.

Ajoutons que cette manière de s'exprimer est d'un emploi fort délicat.

Enfin, nous rencontrerons un nombre assez considérable d'adjectifs que nous ne pourrons exprimer par aucun des moyens ci-dessus :

Ce sont tous ceux qui renferment une idée abstraite, tels que :

Utile.	Ephémère.
Indispensable.	Incessant.
Facile.	Approximatif.
Simple.	Scientifique.
Compliqué.	Philosophique.
Réglementaire.	Politique.
Administratif.	Symbolique.
Provisoire.	

De l'adverbe.

Tout d'abord nous allons nous débarrasser de tous les adverbes en *ment* qui sont formés d'une préposition et d'un substantif, comme : *douloureusement, rageusement, joyeusement*, qui décomposés nous donnent : avec douleur, avec rage, avec joie. Nous les renvoyons purement et simplement aux substantifs pour y être traités comme tels. En sorte qu'il nous reste les verbes *souffrir, rager, se réjouir*.

Pour les autres adverbes, nous les diviserons par petits groupes de même ordre d'idées que nous examinerons seulement au point de vue de la possibilité d'interprétation.

Adverbes de lieu.

Où ?	En haut.	Devant.
Ici.	En bas.	Derrière.
Là.	A gauche.	Dedans.
Vis-à-vis.	A droite.	Dehors.

Adverbes d'affirmation.

Certes.	Volontiers.	Toujours.
Oui.	Soit.	

Adverbes de négation.

Non.	Nullement.	Jamais.

Adverbes de doute.

Peut-être.	C'est possible.	Probablement.

Adverbes d'interrogation.

Quand ?	Combien ?	Comment ?

Ces mots ne présentent aucune difficulté, à part le mot *toujours* qu'on ne saurait exprimer clairement.

Adverbes d'ordre.

Premièrement.   En dernier.   Ensemble.
A la file.   De front.   A la ronde.
Confusément.   Pêle-mêle.   Sens dessus dessous.

Adverbes de quantité.

Combien.   Beaucoup.   Guère.
Peu.   Encore.   Assez.

On peut arriver assez facilement à exprimer tous ces mots par la mimique.

Adverbes de manière.

Bien.   Très bien.   Mal.
Très mal.   A reculons.   En arrière.
A la renverse.   A tâtons.   Par inadvertance.

Ce groupe renferme une cinquantaine de mots très expressifs qu'il est assez commode d'interpréter.

Adverbes de comparaison.

Séparément.   A part.   A l'écart.
De pis en pis.   De mieux en mieux.   Surtout.

Ceux-ci encore ne présentent pas d'impossibilité.

En somme, jusqu'à présent, ces abverbes qui sont d'un usage constant, ne nous offrent guère de difficultés dont nous ne puissions venir à bout.

Malheureusement, il se présente ici un dernier groupe de mots excessivement importants que nous devons renoncer à exprimer par la mimique.

Adverbes de temps.

Nous en donnons la liste complète :

Demain.	Après-demain.	Bientôt.
Désormais.	A l'avenir.	Aujourd'hui.
A présent.	A l'instant.	Sur l'heure.
Sur-le-champ.	Hier.	Avant-hier.
Naguère.	Jadis.	Autrefois.
Avant.	Le passé.	D'abord.
Souvent.	Quelquefois.	Rarement.
Soudain.	Subitement.	Continuellement.
Ordinairement.	Tôt.	Tard.
Trop tôt.	Trop tard.	Pas encore.
Longtemps.	Alors.	Tout à coup.
A propos.		

L'impossibilité d'exprimer ces adverbes, provient de l'absence de tout signe visible susceptible d'interpréter les idées de temps, de durée, de succession, d'antériorité, de postériorité, etc.

En pantomime, il faudra forcément recourir aux almanachs, calendriers, éphémérides ; bref : aux inscriptions.

De la préposition.

Un seul groupe comprenant une vingtaine d'expressions :

Selon.	Comme.	Sans.
Excepté.	Malgré.	Outre.
Par.	Faute.	A cause.
A l'égard.	A moins.	A force.
Au prix.	Au lieu de.	Au moyen.
Au risque.	A la faveur.	Aux dépens.
En dépit.	Jusque.	Par rapport.
Quant.		

Nous devons également renoncer à traduire ces mots. Mais ils sont beaucoup moins regrettables que les adverbes de temps, attendu que l'action mimique s'en passe sans inconvénient.

De la conjonction.

En tout, une quarantaine de mots que voici :

Et.	Aussi.	Soit que.
Parce que.	Mais.	Cependant.
Pourtant.	Néanmoins.	Toutefois.
Bien que.	Quoi que.	A moins que.
Pourvu que.	Savoir si.	Savoir.
C'est-à-dire.	D'ailleurs.	Au surplus.
Car.	Puisque.	C'est pourquoi.
Afin de.	Or.	Donc.
Par conséquent.	Ainsi.	En sorte que.
Quand.	Lorsque.	Pendant que.
Tant que.	Depuis que.	Dès que.
Aussitôt que.	En effet.	A propos.
Après tout.	Enfin.	

Ces mots présentent les mêmes difficultés que ceux du groupe précédent. Mais, à vrai dire, bien qu'ils apportent plus de clarté et de précision dans le discours, beaucoup de ces mots ne s'emploient que pour la satisfaction de l'oreille.

Ils ne sont nullement nécessaires à la compréhension du langage mimique.

De l'interjection.

Les interjections proférées étant généralement accompagnées de gestes très violents, nous pouvons facilement en donner au moins la sensation par l'imitation de ces gestes.

RÉSUMÉ

Les pronoms :
Nous les exprimons facilement.

A remarquer que les pronoms personnels acquièrent la signification du verbe être.

Les verbes :
Ils sont la vie et la richesse du langage mimique.

A remarquer qu'ils se conjuguent naturellement par la combinaison des situations scéniques.

Les substantifs :
Il n'y a pas de substantifs.
Ils deviennent tous des verbes.

Les adjectifs :
Excepté un petit nombre signifiant une quantité, une forme, une dimension, ils deviennent des verbes.

Les participes :
Sont purement et simplement des verbes.

Les adverbes :
Les adverbes en *ment* deviennent, par décomposition, des verbes.

Les autres nous fournissent environ cent cinquante mots que nous interprétons sans grandes difficultés, à l'exception des *adverbes de temps* qui nous échappent complètement. Ce qui est fort regrettable.

Les interjections :
Nous en donnons la sensation par l'imitation des gestes qui les accompagnent généralement.

L'article,
Les prépositions,
Les conjonctions :
Ne peuvent s'exprimer en langage mimique. Mais ils sont facilement sous-entendus, et la privation de ces mots n'est pas à déplorer outre mesure.

En somme, à part quelques exceptions relativement peu nombreuses, tous les mots que nous pouvons exprimer par la mimique sont ou deviennent forcément des verbes.

CHAPITRE IV

Des difficultés.

On comprendra sans peine que nous n'ayons pas entrepris de dresser une liste des mots à employer et une liste des mots à rejeter. Il est suffisant, pensons-nous, de donner les moyens de les reconnaître.

Nous avons vu qu'il y a cinq sortes de mouvements mimiques. Nous les rappelons :

1° *Les mouvements de caractères*, qui ont pour fonction de composer des attitudes *permanentes*, destinées à caractériser un personnage, sa qualité, son état, son humeur, son importance, son âge, etc... ;

2° *Les mouvements d'action*, qui ne sont autres que les mouvements précisément nécessaires pour accomplir réellement telle ou telle action ;

3° *Les mouvements de sensation*, qui sont les mouvements par lesquels nous trahissons involontairement toutes les émotions que nous éprouvons ;

4° *Les mouvements complémentaires*, qui sont tous les mouvements qui accompagnent un mouvement principal dans le but de donner à ce dernier plus de force, de clarté, ou simplement d'harmoniser une attitude.

Ces quatre sortes de mouvements sont nécessaires, spontanés ; ils ne peuvent pas ne pas être. Chacun les exécute, les connaît, les comprend. Ils sont les véritables éléments du *langage naturel*, parce que c'est la nature même qui nous les enseigne. Ils sont l'expression immédiate de l'action ou de la sensation.

Ils conviennent donc aussi bien aux comédiens qu'aux mimes.

Ajoutons que l'imitation de ces mouvements n'offre jamais de grosses difficultés ; ils ne demandent qu'à être reproduits avec vérité, et c'est tout.

Mais il est un cinquième genre de mouvement que nous appelons : *mouvements descriptifs ou parlants*, qui sont très différents des premiers en ce qu'ils sont *voulus, réfléchis, composés*.

Ils ne sont pas l'expression d'une action ou d'une sensation actuellement exécutée ou ressentie, mais seulement l'ébauche d'une action, le simulacre d'une sensation.

Ces mouvements ne signifient plus que telle chose *est*, mais bien qu'elle a *été* ou qu'elle *sera*.

Ils ne sont plus le fait présent, le fait lui-même ; mais seulement *l'évocation de ce fait*.

Ils ne sont plus le langage naturel au même titre que les quatre premiers genres de mouvements, ils sont déjà un *langage artificiel*.

Bref, les mouvements descriptifs ou parlants ont pour but de suppléer à la parole ; et c'est pourquoi ils sont exclusivement réservés à la pantomime proprement dite.

Cette distinction est fort importante, et nous prions le lecteur de bien vouloir admettre les dénominations de *langage mimique naturel* et *langage mimique artificiel*, que nous croyons devoir appliquer à ces différents mouvements.

Exemple :

Un personnage porte la tête haute, les épaules effacées, la poitrine et le ventre en avant, son geste est ferme, son pas assuré : *mouvements de caractère* qui nous donnent l'idée d'un gaillard hardi, déterminé.

Il se verse un verre de vin et boit : *mouvements d'action*.

Il fait une grimace d'horreur et de dégoût : *mouvement de sensation*.

Le corps se porte sur la jambe qui est en arrière, la tête se rejette également en arrière, les mains repoussent le verre : *mouvements complémentaires*.

Jusque-là, nous avons un personnage agissant et sentant,

qui appartient aussi bien à la comédie qu'à la pantomime.

Il ne s'est servi que du *langage naturel*.

Mais voici qu'il faut dire :

Cristi ! quel mauvais vin !... (Et désignant une autre bouteille) : *Heureusement, en voici du meilleur.*

Dans une comédie, l'artiste déclamera ces deux phrases.

Mais s'il s'agit d'une pantomime, l'artiste se trouvera dans l'obligation de **composer** les mouvements nécessaires propres à traduire rapidement et clairement les paroles qu'il ne peut prononcer.

Ces mouvements seront donc un *langage artificiel*.

Et voilà où commencent les difficultés.

Il est vrai qu'il est assez commode de mimer :

Cristi ! mauvais ! — Heureusement, celui-ci, délicieux.

Si nous supposons que la phrase à exprimer soit celle-ci :

C'est du tord-boyaux !

Il est encore assez facile d'imaginer une mimique satisfaisante.

L'artiste se prendra le ventre à deux mains, en donnant à sa physionomie une expression de souffrance ; puis il mimera énergiquement le verbe *tordre*, comme s'il tordait du linge.

C'est déjà plus compliqué, mais très clair. Il aura seulement remplacé le mot *boyaux* par le mot *ventre*.

Mais, s'il doit dire :

C'est un velours !

Et qu'il n'y ait pas de velours sur son vêtement, ni à sa portée, il se trouvera en face d'un problème embarrassant.

Il devra se contenter de se passer doucement les doigts sur le gosier avec un air de béatitude, et la phrase sera remplacée par celle-ci :

Doux au gosier.

S'il a du velours à sa portée, il le caressera du bout des doigts, et la phrase sera traduite ainsi :

Doux au gosier comme il est doux à mes doigts de caresser du velours.

Mais nous ferons observer que ce rapprochement de la sensation que procure le vin en passant par le gosier et la sensation que fait éprouver le velours aux doigts constitue une explication compliquée, d'un goût douteux, qu'il serait préférable d'éviter.

Ainsi, dans le cas présent, nous recommanderions de s'en tenir plutôt à l'expression : *doux au gosier*, que de faire intervenir l'idée du velours.

En général, on ne devra se servir de comparaison que lorsqu'il sera impossible de se faire comprendre autrement.

Mais si nous supposons cette autre phrase :

Je préférerais boire de l'eau.

Et qu'il n'y ait pas d'eau sur la table, nous nous trouverons en présence d'une impossibilité absolue.

En effet, à part le verbe *boire*, l'artiste ne pourra rien exprimer. Pas plus le verbe *préférer* que le substantif *eau*.

S'il ne s'agissait pour l'artiste que de montrer qu'il préfère le vin de la seconde bouteille au vin de la première, rien ne lui serait plus facile. Mais exprimer par la mimique le verbe *préférer*, alors que l'objet de sa préférence est absent, est chose impossible. Parce que préférer est une opération de la pensée qui ne peut avoir de *visibilité* que par une manifestation matérielle.

D'autre part, il ne pourra pas évoquer le substantif *eau*, parce que l'eau n'a pas une forme ou une qualité suffisamment caractéristique pour que cette forme ou cette qualité puisse être décrite et comprise.

Il faudra changer ou couper la phrase.

Les auteurs devront donc s'interdire les phrases qui présentent ces difficultés.

Il leur suffira, pour les reconnaître, de se bien pénétrer de la loi suivante :

Nous pouvons interpréter par la mimique les mots signifiant une action, une qualité, une personne ou un objet par l'imitation ou la description **de l'action, de la sensation, de la forme, de l'attitude, de la fonction ou de l'usage.**

A la condition :

Que cette action, cette sensation, cette forme, cette attitude, cette fonction ou cet usage possède une **particularité** *tellement distincte, tellement caractéristique et connue que la* *représentation de cette particularité soit suffisante pour évoquer clairement, instantanément et sans confusion possible dans l'idée du spectateur, l'idée de l'action, de la qualité, de la personne ou de l'objet que nous voulons désigner.*

Exemples :

Prier : On simule l'*action* de prier. Les mains jointes.

Épouvantable : On simule la *sensation* de l'épouvante.

Le gros : On indique la *forme* du ventre de celui qui est gros.

Le vieux : On imite l'*attitude* de celui qui marche tout courbé en s'appuyant sur un bâton.

Le violoniste : On simule le geste de la *fonction* habituelle qui est de jouer du violon.

Le peigne : On fait le simulacre de se peigner, qui est l'*usage* qu'on fait d'un peigne.

La particularité qui caractérise chacun de ces mots est parfaitement suffisante pour que la description ou l'imitation de cette particularité évoque clairement l'idée qu'on veut exprimer.

Malheureusement, il y a un grand nombre de mots qui sont dénués de cette particularité indispensable, et qui sont, par conséquent, absolument impossibles à traduire par la mimique.

Exemples :

Naguère, j'étais vertueux.

A présent, tu es citoyen.

Bientôt, ils seront employés.

Procurez-moi les moyens de gagner ma vie.

Quand mon père devint veuf, il donna sa démission.

Mes créanciers sont intraitables.

Mon oncle est chef de bureau au Ministère du commerce.

Ma mère m'a donné l'exemple du dévouement et de l'abnégation.

Le pain est cher.

L'art est difficile.

J'ai appris beaucoup de choses.

La vie est un leurre.

Bien que nous ayons choisi à dessein les idées les plus

simples, les personnages les plus familiers, voici une douzaine de petites phrases qu'on ne pourra jamais interpréter en langage mimique, parce qu'aucun des mots qui les composent n'offre une particularité suffisante.

En effet, il n'y a pas de signes capables de caractériser un père, une mère, un oncle, un créancier, — naguère, à présent, bientôt, — vertueux, citoyen, employé, veuf, — démission, bureau, dévouement, difficile, etc.

Et, si l'on songe que c'est la majorité des mots qui seront dans ce cas, on est tenté de désespérer et de renoncer à la pantomime.

Mais il ne faut rien exagérer.

D'abord, parmi les phrases intraduisibles qui se glisseront sous votre plume, il en est beaucoup qui pourront devenir facilement exprimables rien qu'en en changeant les termes.

En outre, parmi les phrases auxquelles on devra définitivement renoncer, il s'en trouvera un grand nombre dont on pourra donner la *sensation*, par d'autres moyens que l'expression directe.

Et enfin, si l'on ne peut pas tout dire en langage mimique, on peut néanmoins exprimer beaucoup de choses; et précisément les choses les plus précieuses au point de vue du théâtre.

Sans doute, relativement à la langue française, le langage mimique est une langue pauvre; c'est entendu.

Mais encore est-il assez riche pour suffire aux exigences d'un certain genre de pièces.

Il faut seulement l'employer avec ingéniosité.

Il est certain, en tous cas, que les auteurs et les artistes qui voudront bien faire une étude consciencieuse de notre travail, auront à leur disposition un langage infiniment plus riche que celui qui a été employé jusqu'ici dans les pantomimes et dans les ballets. Et, ce qui est au moins aussi précieux, ils auront désormais l'avantage de pouvoir éviter les obscurités, les longueurs, les banalités, les incompréhensibilités qui fourmillent ordinairement dans ces genres de spectacles; à tel point qu'il est étonnant que ces genres n'aient pas été tout à fait abandonnés.

En résumé :

Le *langage mimique naturel*, qui convient aussi bien au comédien qu'au mime, ne présente jamais de difficultés.

Au contraire, le *langage mimique artificiel*, qui a pour but de suppléer à la parole, et qui est réservé exclusivement à la pantomime, est limité par des difficultés et des impossibilités.

En général, — et c'est le côté faible de la pantomime, — on s'expose à rencontrer de grandes difficultés dès qu'on abandonne l'action ou le dialogue d'action pour la *narration*.

Les cas particulièrement dangereux à signaler sont :

Parler d'un objet qui n'est pas en scène.

Parler d'un personnage absent ou qui n'ait pas encore paru.

Raconter une action passée, ou décrire une action future.

D'après ce qui précède, il est évident que le sort d'une pantomime dépend surtout de l'auteur, dont la première science consiste à éviter les dangers que nous venons de signaler, et à trouver des combinaisons scéniques telles que ses interprètes ne soient jamais en présence d'une difficulté insurmontable.

CHAPITRE V

Du choix du sujet.

En principe, tous les genres sont bons : vaudeville, comédie, drame, farce, fantaisie..., etc., la pantomime peut les aborder tous.

Mais il ne faut pas adopter indifféremment n'importe quel sujet.

Il suffit d'avoir entrevu les difficultés de l'expression mimique pour le comprendre.

Ainsi il serait plus aisé de faire une pantomime avec *Georges Dandin* qu'avec *les Précieuses ridicules*, avec *Don César de Bazan* qu'avec *Hernani*, avec le théâtre de Sardou qu'avec le théâtre de Corneille.

Parce que notre élément c'est l'action, tandis que l'expression de la pensée dépasse souvent les ressources de notre langage.

Un haut enseignement de morale ou de philosophie peut se dégager d'une pantomime; nous pouvons y soutenir les idées les plus audacieuses, les thèses les plus hardies; mais à la condition que nos arguments soient de l'action, que nos démonstrations soient des faits, que notre éloquence soit du mouvement et de la vie.

Nous devons renoncer à formuler. L'axiome nous est interdit.

Mais il nous reste l'exemple, la mise en action.

Nous avons pour nous toutes les émotions, tous les sentiments, tous les besoins, tous les appétits qui poussent les hommes à s'agiter et à lutter.

En somme, tous les mobiles qui passionnent l'humanité et l'excitent à l'action, se résument tous en une seule loi : *la loi de la conservation.*

Conservation de l'individu. — Conservation de l'espèce.

Il semble que tout dans l'univers, êtres et choses, obéit à ce mot d'ordre suprême : *subsister.*

Subsister, se conserver, être, en dépit de tous les accidents, de toutes les compétitions, de tous les dangers qui assaillent l'individu qui veut sa place au soleil, qui lutte pour l'avoir.

Que vos personnages palpitent et agissent d'après cette loi. Excitez les désirs de la possession, suscitez des obstacles à la conquête, poussez les passions à leur paroxysme, et, bientôt, par les détails qui peuvent varier à l'infini, vous aurez créé une action dramatique suffisamment poignante pour nous captiver et nous émouvoir.

Sans doute, vous n'aurez pas à votre disposition tous les éléments que peuvent employer les auteurs de comédies ; vous serez impuissants à traduire convenablement les frivolités changeantes de nos mœurs, la plaisanterie à la mode, le mot du jour, le genre d'esprit éphémère d'une société plus ou moins raffinée et conventionnelle, c'est-à-dire plus ou moins éloignée de la nature.

Mais il vous restera les mobiles naturels imprescriptibles de la vie. Et c'est l'essentiel.

Vous serez tenus seulement d'agencer vos scènes de telle façon qu'elles s'expliquent l'une par l'autre, que l'action succède à l'action. Votre pièce doit être un enchaînement logique de faits, le fait actuel motivant le fait suivant.

C'est donc *du choix du sujet* et de l'*ingéniosité de la construction* que dépendra la valeur de votre œuvre.

Nous pensons que ce qui paralyse beaucoup l'essor de la pantomime, c'est l'erreur que commettent les auteurs en s'imaginant qu'une pantomime ne saurait se passer de *Pierrot*, d'*Arlequin*, de *Léandre*, de *Cassandre* ou de *Colombine*, personnages de haute fantaisie dont le caractère est tellement déterminé qu'il ne laisse presque plus de place à la nouveauté et à l'imprévu.

C'est même ce qui explique que la plupart des pantomimes

se ressemblent et par les moyens et par l'impression qui s'en dégage.

Il serait profitable d'abandonner ces types trop connus, trop naïfs, et dont on ne sait plus très bien se servir, d'ailleurs.

D'autant plus que nous avons remarqué chez les auteurs le besoin d'élargir le cercle de la pantomime et de donner à leurs personnages des facultés et des passions plus délicates, plus compliquées.

A tout instant on nous offre des Pierrots spirituels, gracieux, poétiques, avec des qualités et des défauts tout à fait parisiens; des Arlequins qui marchent et agissent comme vous et moi; des Colombines qui sont ou des jeunes premières, ou des coquettes absolument modernes d'allures et de sentiments.

Alors, à quoi bon Pierrot, sans sa stupidité, sa paresse, sa propension à l'ivrognerie et à la gloutonnerie? A quoi bon Arlequin sans son masque et sa batte, sans ses pirouettes et ses entrechats? A quoi bon Colombine sans ses naïvetés et ses inconséquences d'ingénue de féerie?

Nous ne disons pas qu'il faille proscrire ce genre, puisque nous déclarons que tous les genres sont bons; mais qu'on nous le rende à titre de reconstitution, avec toutes ses traditions, ses grosses farces, ses coups de bâton, ses danses, ses fées et ses feux de Bengale.

Ce qui est à éviter, c'est de faire entrer de force ces personnages, ou plutôt ces costumes, dans un genre où ils n'ont que faire, où ils détonnent, surtout quand ils sont mêlés de la manière la plus baroque à des personnages modernes.

Et, en effet, que peuvent bien avoir à se dire un Arlequin et une Parisienne de nos jours? Quel rapport d'idées peut-il y avoir entre eux?

C'est mettre bénévolement l'esprit du public à la torture que de lui imposer de pareils problèmes. Il y a là un manque d'harmonie et de logique qui inquiète et dont on s'accommode mal.

Nous demanderons également à quoi bon Pierrot dans

une pièce moderne? A quoi bon Pierrot même sans son costume blanc?

Supprimer Pierrot! s'écriera-t-on, est-ce possible? Peut-on faire une pantomime sans Pierrot?

Est-ce que la plupart des pantomimes ne s'intitulent pas : Pierrot ceci, Pierrot cela?

Il suffit d'y réfléchir un instant pour se convaincre que, dans la pantomime que nous avons à créer, Pierrot est inutile et même inadmissible.

Il fut un temps où Pierrot n'était que le *Barbouillé*, le valet de Cassandre, meunier, un simple enfariné, personnage de second plan.

C'était un lourdaud, un Jocrisse muet, un paresseux et un affamé, n'ayant d'autre stimulant à l'ingéniosité que ses appétits à satisfaire.

C'est ainsi que Débureau le joua d'abord. Mais bientôt son génie creva le personnage et enfanta Pierrot, c'est-à-dire un type plus complet, plus blanc, plus malicieux, qui finit par donner plus de coups de pieds qu'il n'en recevait et par garder pour lui seul les sympathies et les bravos.

Son succès fut tel qu'il eut le tort de faire croire que la pantomime c'était Pierrot.

C'est à cette erreur qu'on obéit encore.

Peut-on dire que l'*Enfant prodigue*, la pantomime qui a eu le plus grand succès à notre époque, eût été moins intéressante si les rôles de Pierrot père et de Pierrot fils avaient été joués avec la couleur naturelle du visage?

Vraiment, non.

L'*Enfant prodigue* est une pièce réaliste des plus bourgeoises qui ne pouvait que gagner à conserver dans tous ses détails l'apparence de la plus stricte vérité.

Le visage d'un mime a-t-il une puissance d'expression plus grande lorsqu'il est blanc?

C'est encore une erreur de le croire.

La blancheur du visage fait paraître les dents et les globes des yeux d'un gris terne, éteignant ainsi l'éclat du sourire et l'éclat du regard.

Cette singularité sert à faire remarquer un artiste et à le

distinguer de ses camarades, mais la pantomime n'y gagne rien. Au contraire.

D'ailleurs, si cette couche de blanc était un moyen si efficace, il faudrait se hâter de l'imposer à tous les personnages d'une pantomime. Au moins, nous y gagnerions de ne plus être choqués par cette inexplicable étrangeté de voir un être à peau blanche s'agiter au milieu de gens à peau rose, sans que ces derniers en paraissent surpris. Cette couche de blanc remplacerait le masque antique avec avantage, puisqu'elle ne priverait pas l'artiste des jeux de la physionomie.

Mais ce serait toujours un masque, ce qui est mauvais en principe.

Le visage accidentellement enfariné du *Barbouillé* avait une raison d'être, la blancheur inexpliquée de Pierrot n'en a pas.

Il est non moins absurde qu'il fasse des enfants blancs.

Bref, nous recommandons vivement aux auteurs d'abandonner les personnages de l'ancienne pantomime, y compris le personnage de Pierrot.

La société actuelle ne nous offre-t-elle pas en abondance des personnages intéressants, des types curieux, étranges, capables de nous amuser ou de nous émouvoir?

Nous devrons seulement les choisir suffisamment caractéristiques pour qu'on sache, dès leur apparition, à qui on a affaire.

En tous cas, c'est à l'auteur à nous les présenter tout d'abord de telle façon qu'il ne puisse y avoir confusion.

L'exposition qui est une difficulté pour toute œuvre dramatique, offre encore plus de dangers quand il s'agit d'une pantomime, puisqu'elle ne peut résulter que de moyens visibles.

Le décor nous indiquera le lieu de l'action.

Les costumes nous fixeront sur l'époque, et aussi sur la qualité de nos personnages.

La *tête* des acteurs nous fournira de précieuses indications sur leur âge, leur tempérament et leur caractère.

Enfin, les accessoires nous serviront, si j'ose m'exprimer ainsi, de dictionnaire.

Quant à l'état d'âme de nos personnages, il devra être nettement déterminé par les premiers actes qu'ils accompliront.

Dès qu'un personnage paraîtra, il faudra qu'on sache *qui il est* et *ce qu'il veut.*

Si c'est l'amoureux, qu'il cherche à voir sa maîtresse même en risquant les pires aventures; si la dame ou la demoiselle le paie de retour, qu'elle commette immédiatement quelque imprudence; s'il y a un mari jaloux, qu'il paraisse avec tous les signes d'un homme en proie aux plus horribles soupçons; si c'est un mariage qui se prépare, encombrez la scène de tous les apprêts de la noce.

Enfin, apprenez-nous, n'importe comment, mais tout de suite, ce qu'il est indispensable que nous sachions.

Cela est d'une telle importance que nous vous pardonnerons aisément la désinvolture du procédé que vous aurez employé, pourvu qu'il soit clair.

Ceci fait, vous pourrez respirer, vous attarder aux détails, étudier et développer les caractères, nouer vos intrigues et faire éclater l'événement quand vous le jugerez à propos, car notre attention vous sera acquise.

Vous n'aurez plus qu'à disposer vos scènes dans l'ordre le plus propice à la compréhension.

Car, qu'on nous permette d'insister sur ce point : une même action peut être ou très facile ou impossible à mimer, selon la manière dont l'auteur fera se mouvoir ses interprètes, selon qu'il les fera entrer et se rencontrer ou plus tôt ou plus tard, selon qu'il fera passer telle scène avant telle autre.

La meilleure des pantomimes serait celle qui ne serait composée que de scènes telles que, chacune d'elles, considérée isolément, gagnerait à être mimée, même si elle se trouvait dans une comédie.

Un exemple entre mille :

Dans *Froufrou,* lorsque le mari outragé, ayant découvert la retraite des amants fugitifs, se présente devant sa femme,

il éprouve une si forte émotion qu'il défaille ; on l
un verre d'eau, il étend le bras ; mais soudain, s
le lieu où il se trouve, il se redresse par un effort
et repousse le verre.

A chaque représentation, le public applaudit
où pas une parole n'est prononcée.

CHAPITRE VI

De la manière d'écrire une pantomime.

Le scénario d'une pantomime, c'est le scénario de n'importe quelle pièce.

Il exige les mêmes qualités de composition : une idée intéressante, des situations neuves, autant que possible, beaucoup d'ordre dans l'agencement des scènes, le ménagement de l'intérêt et des gros effets ; enfin, un dénouement ingénieux.

Tout le monde sait cela.

Les scénarios qu'il nous a été donné de lire possédaient plus ou moins ces qualités.

Mais ce n'était que des scénarios.

Or, un scénario n'est ni un ballet, ni une pantomime, ni un vaudeville, ni un drame, ni un opéra. Il peut devenir l'une ou l'autre de ces pièces, mais il n'est encore que la possibilité de devenir ceci ou cela.

Lorsqu'un scénario a plu à un directeur, l'auteur s'efforce alors de réaliser, selon le théâtre où il espère être joué, le vaudeville, ou la comédie, ou l'opéra dont il a eu l'idée. Jamais il ne lui viendra à l'esprit que son scénario est la pièce même et qu'il peut se dispenser de l'écrire.

D'où vient donc que lorsqu'il s'agit d'un ballet ou d'une pantomime, les auteurs s'imaginent avoir accompli leur tâche dès qu'ils ont écrit leur scénario ?

Parmi les pantomimes que nous avons sous la main, nous prenons au hasard.

Dans la pantomime de *la Statue*, de Paul Arène, nous lisons :

« *A peine Cassandre est-il parti que Pierrot accourt. Il
« déposе un baiser sur le bout des doigts de Colombine et la
« conduit galamment vers le banc de gazon. Là, commence,
« au clair de la lune,* **un dialogue fort animé.** »

Un peu plus loin :

« *Arlequin s'assied à côté de Colombine et se met à la
« courtiser.* »

Dans *Pierrot cœur d'or*, de MM. Lucien Cressonnois et Abel Mercklein, nous trouvons :

« *Une conversation animée s'établit entre la Cigale et
« Pierrot.* »

Un peu plus bas :

« *Pierrot a de l'esprit, il trouve des mots heureux.* »

Il serait parfaitement inutile de multiplier ces exemples. Tous les livrets de pantomimes sont écrits de cette manière.

Du reste, pour la plupart des directeurs, ces manuscrits paraissent très complets.

Mais le jour de la première répétition, voici ce qui arrive :

Il s'agit de répéter la scène d'amour.

Le compositeur a trouvé une mélodie charmante. C'est tendre, gracieux, original. Pendant trois minutes, tout le monde est empoigné. On félicite le maître de son heureuse inspiration.

Aux mimes, à présent.

Arlequin et Colombine consultent leur rôle.

Ils y trouvent ceci :

« *Arlequin s'assied à côté de Colombine et se met à la
« courtiser.* »

Ou bien :

« *Une conversation animée s'établit entre Colombine et
« Arlequin.* »

Ou encore :

« *Arlequin a de l'esprit ; il trouve des mots heureux.*

A ce moment, les deux artistes se regardent d'un air embarrassé.

Ils sont remplis de bonne volonté ; d'autre part, on les connaît ; ce sont des artistes de talent et d'expérience.

Or voici qu'ils sont complètement paralysés ; leur physionomie exprime l'angoisse et la sueur perle sur leur front.

Tout le monde est surpris ; le compositeur s'arrête.

— Répétez donc, crie-t-il aux artistes, nous en sommes à la *conversation animée*.

A son tour, l'auteur ou le metteur en scène prend la parole :

— Qu'avez-vous donc à vous regarder ainsi comme deux empotés ? Du nerf, sacrebleu !... Vous êtes jeunes et beaux, vous vous adorez... Vous n'avez qu'à vous le dire et à vous le prouver. C'est bien simple. Recommençons.

On recommence, et les malheureux artistes esquissent alors quelques gestes vagues, ils se prennent par la taille, puis s'arrêtent de nouveau, très ennuyés de se sentir parfaitement ridicules.

Autour d'eux, on commence à murmurer des choses très désagréables. Le compositeur est inquiet, l'auteur est dépité.

— Les artistes, dit-il, devraient au moins savoir leur métier, que diable ! Ceux-ci vont compromettre ma pièce.

Les artistes sont au supplice, s'imaginant, eux aussi, qu'ils ont tort, alors qu'ils devraient répondre à l'auteur :

— Nous sommes ici pour mimer un dialogue animé. Mais où est-il ce dialogue ? Quelles sont les phrases à dire, les pensées à échanger ? Avez-vous pris la peine de les écrire ? Non. Nous avez-vous autorisés à composer nous-mêmes cette scène qui n'existe encore nulle part ? Pas davantage. Alors que voulez-vous que nous mimions ? N'ayant rien à exprimer, nous n'exprimons rien ; ce qui est fort naturel. Remportez donc votre scénario, faites-en une pièce et nous ferons alors notre possible pour l'interpréter.

Soit par ignorance, soit par timidité, les artistes n'objectent jamais rien de semblable.

Néanmoins, l'auteur commence à entrevoir confusément que son fameux livret n'est pas aussi parfait qu'il le croyait.

Sans doute, le mieux serait d'interrompre les répétitions et d'aller écrire les scènes absentes. Mais un auteur n'avouera jamais qu'il vient seulement de s'apercevoir qu'il a eu tort d'apporter une œuvre incomplète ; et, d'ailleurs, n'est-ce pas ainsi qu'on a coutume de faire pour toutes les pantomimes?

En pareil cas, voilà toujours ce qui se passe :

— Qu'est-ce qui vous embarrasse? dit l'auteur en s'adressant à Arlequin, ce que vous avez à faire n'est pas difficile. Vous êtes amoureux de Colombine, vous lui prenez la main... bien ; vous l'attirez sur le banc de gazon... très bien ; Colombine baisse les yeux... Charmant! Vous lui dites que vous l'aimez...

(Ici, l'artiste chargé du rôle d'Arlequin pose les mains sur son cœur et agite les coudes).

Alors l'auteur s'écrie :

— C'est cela... très bien... parfait!

Comme il reste encore beaucoup de musique à employer, Colombine recommence à baisser les yeux, Arlequin continue à agiter ses coudes. Parfois même il pousse l'originalité jusqu'à ajouter les gestes connus signifiant :

Votre figure est jolie.

Et l'auteur de répéter :

— C'est cela... très bien... parfait?

Eh bien, non! Ce n'est pas parfait. Ce dialogue n'est ni animé, ni nouveau. Ce n'est même pas un dialogue. C'est tout simplement le comble du banal et du lieu commun.

Le public a vu ce fantôme de scène aussi exactement vide et nul dans les cent pantomimes qui ont précédé la vôtre, et il le verra encore dans les mille qui vont suivre si les auteurs ne se décident pas à composer réellement les conversations annoncées dans les scénarios, au lieu de se contenter d'écrire : *Ici s'établit un dialogue animé.*

Car toutes les phrases de ce genre :

Une violente discussion s'élève entre..., etc.

Avec une éloquence chaleureuse, Pierrot persuade..., etc.

Après avoir épuisé tous les raisonnements..., etc.

Pierrot a de l'esprit; il trouve des mots heureux..., etc.

Toutes ces phrases, disons-nous, ne signifient absolument rien, sinon : *Ici, il y a une lacune dans ma pantomime.*

Or, dans tous les manuscrits de pantomimes que nous avons lus, il n'y a presque que des lacunes.

Les auteurs ne se permettraient jamais de pareilles omissions dans une comédie. Qu'ils sachent donc qu'elles sont tout aussi graves dans une pantomime.

Il est probable qu'ils obéissent inconsidérément à cette idée : puisque les mimes ne parlent pas, à quoi bon écrire un dialogue pour eux?

Non, ils ne parlent pas ; mais ils miment. Ils ne s'expriment pas en français ; mais ils s'expriment en langage mimique. A la condition toutefois qu'ils aient quelque chose à exprimer.

Si vous leur apportez une scène écrite comme pour une comédie, ils ne réussiront peut-être pas à la traduire en entier ; du moins, ils en interpréteront une grande partie, et ce sera toujours beaucoup plus que rien.

Mais si vous acquérez vous-même une assez grande expérience de la mimique pour savoir que telle phrase est exprimable et que telle autre ne l'est pas, vous écrirez votre dialogue en conséquence, et il ne restera à l'artiste qu'à traduire votre pensée.

Alors vos amoureux ne se contenteront plus de poser les mains sur leur cœur en agitant les coudes ; ils joueront une scène que vous aurez conçue.

Vous ne verrez plus dans votre œuvre ces gestes et ces attitudes d'une écœurante banalité qui finissent par fatiguer les plus chauds partisans de la pantomime ; vous aurez fait vraiment une pièce nouvelle, et vous serez stupéfait vous-même de l'éloquence de ce langage muet auquel vous ne soupçonniez pas tant de ressources.

Une autre question se présente ici : Quel style employer dans le dialogue?

Il est bien entendu que ce serait se donner une peine bien inutile, et même encombrante, que d'émailler votre manuscrit de mots spirituels, de néologismes, de qualificatifs nouveaux, et de ces délicates recherches de sonorité qui parent si joliment une phrase.

Cela ne veut pas dire qu'on ne puisse avoir de l'esprit en langage mimique. Selon le cas, un geste peut devenir une intention malicieuse, un sous-entendu croustillant, une fine allusion. Seulement l'intérêt sera dans l'idée et non dans la forme.

Pour l'auteur, *la phrase littéraire ne doit être que le moyen de faire comprendre sa pensée à l'artiste.*

Le meilleur style à employer sera donc le plus simple, le plus clair, le plus précis.

D'ailleurs, ainsi que nous le verrons dans le chapitre suivant, le dialogue devra subir une première traduction qui l'adaptera strictement à l'expression mimique.

La manière d'écrire une pantomime est donc exactement celle qu'on emploie pour écrire une comédie.

La seule différence, c'est que l'auteur est tenu d'éviter les phrases qui ne peuvent être interprétées par la mimique, et qu'il devra faire une plus large part aux indications des jeux de scène.

CHAPITRE VII

De la traduction.

Les mots d'une phrase écrite ne sont pour un auteur que les moyens d'expliquer sa pensée à ses interprètes.

Mais il ne s'ensuit pas que la mimique doive exprimer scrupuleusement chacun de ces mots ; le plus souvent, c'est en modifiant plus ou moins la phrase littéraire que le mime interprétera le mieux l'idée contenue dans cette phrase.

Traduire une phrase littéraire en langage mimique, c'est :

1° La résoudre aux seuls mots qui seront effectivement mimés ;

2° Déterminer l'ordre dans lequel ces mots devront se succéder.

Comme premier exemple, nous allons répéter la phrase dont nous nous sommes déjà servi quand nous avons parlé du verbe.

Pendant qu'au bal tu dansais, seule, ici, je pleurais.

Pour le mime cette phrase se réduit à ces mots :

Toi — là-bas — danser — seule — ici — moi — pleurer.

Remarquons que cette phrase est traduite presque mot pour mot précisément à cause de sa sécheresse qui la rapproche sensiblement du langage mimique.

Autre exemple :

Quand tout le monde sera endormi, descendez me rejoindre ici. Je vous en supplie.

Traduction :

A droite — à gauche — tous dormir — vous — de là haut — descendre — ici — je supplie.

Autre exemple :

Hélas ! Elle ne viendra pas. Ce que j'ai entendu, c'était les battements de mon cœur.

Traduction :

Hélas ! — Elle — ici — non. — Moi — entendre — mon — cœur — battre.

Tous ces exemples sont faciles. La traduction mimique diffère très peu du texte.

Mais nous rencontrerons souvent des difficultés, qui nous obligeront à modifier sensiblement les expressions par des équivalents ou des à-peu-près, tout en respectant le sens.

Par exemple, cette phrase de *Tartufe* :

« ... *Couvrez ce sein que je ne saurais voir.*
« *Par de pareils objets, les âmes sont blessées.*
« *Et cela fait venir de coupables pensées.* »

A première vue, elle nous offre un problème assez embarrassant ; surtout les deux derniers vers, qui présentent l'idée sous une forme abstraite.

Nous serons donc obligés de particulariser la pensée et de modifier la phrase comme suit :

Couvrez ce sein dont je détourne mes yeux.
Ces objets me scandalisent.
Il excitent en moi des désirs qui me font horreur.

Traduction mimique.

Couvrir — votre sein — mes yeux se détournent — mes mains repoussent.

Ces objets — moi — scandaliser.

Eux — moi — désirer — émouvoir. — Repousser avec horreur.

Malgré les changements que nous avons été obligés d'apporter à cette phrase, nous prétendons que cette interprétation mimique rendrait à fort peu de chose près, l'impression de la phrase déclamée.

Cet exemple devrait encourager les auteurs de pantomimes à ne plus craindre de développer leur dialogue autant que cela leur paraîtra nécessaire.

Certes, nous ne pourrions pas traduire toutes les comédies de Molière, qui n'ont pas été faites, d'ailleurs, pour être mimées. Ce que nous voulons prouver, c'est qu'il est possible d'exprimer par la mimique des phrases et des scènes beaucoup plus compliquées qu'on ne le croit généralement.

Il suffit de choisir les termes et les tournures propres à en faciliter l'interprétation.

Nous ne savons que trop qu'il est des phrases que nous serons obligés de couper. Néanmoins, ce ne sera pas une raison pour abandonner complètement l'espoir d'exprimer votre idée.

Dans la plupart des cas nous trouverons une combinaison qui nous permettra de la rendre, sinon entièrement, du moins en partie.

Beaumarchais va nous fournir un exemple de phrase absolument impossible à mimer.

Le Barbier de Séville, acte I, scène II.

FIGARO

« *Aux vertus qu'on exige d'un domestique, votre Excellence connaît-elle beaucoup de maîtres qui fussent dignes d'être valets ?* »

Non seulement cette phrase s'offre sous une forme abstraite, mais encore les mots qui la composent sont inexprimables par la mimique.

Mais supposons que Figaro soit venu s'offrir au comte pour être son domestique ; supposons encore qu'il se soit reconnu quelques défauts et que le comte, montrant une livrée, lui ait dit :

— *Va-t'en. Tu n'es pas digne d'endosser cela* (c'est-à-dire d'être domestique).

Nous imaginons alors la scène suivante :

FIGARO

Vous jouez aux cartes ?

LE COMTE

Oui.

FIGARO

Vous aimez les jolies filles ?

LE COMTE

Certes.

FIGARO

Parfois vous buvez jusqu'à troubler votre raison ?

LE COMTE

Je l'avoue.

FIGARO (imitant le geste du comte).

Allez. Vous n'êtes pas digne, non plus, d'endosser cette livrée.

Il est évident que cette petite scène est loin d'avoir les qualités de la phrase à traduire. Il n'en est pas moins vrai que nous avons exprimé tant bien que mal l'exigence excessive des maîtres, ce qui est bien l'idée de l'auteur.

Ces changements, qui seraient une sorte de sacrilège s'il s'agissait d'une œuvre de Molière ou de Beaumarchais, n'ont rien que de très légitime s'ils sont pratiqués sur notre manuscrit.

Voilà donc le genre d'opération qu'il convient de faire subir à toutes les scènes dialoguées.

Ce travail préliminaire offrira de précieux avantages.

D'abord, un manuscrit à peu près expurgé de phrases intraduisibles.

Des données certaines pour le compositeur.

Une rapidité étonnante dans la mise en scène.

Une grande confiance et beaucoup d'ardeur de la part des interprètes.

Bref, une pantomime meilleure et mieux jouée.

CHAPITRE VIII

De l'emploi des moyens du théâtre.

Des décors.

L'auteur devra les exiger aussi exacts que possible, et ne pas craindre de les surcharger de tous les détails susceptibles de préciser le lieu et l'époque.

Des écriteaux.

Les inscriptions murales, les enseignes de commerçants, les annonces de vente, les pancartes de location, les affiches, les étiquettes, etc., sont autant d'indications qui peuvent rendre de très grands services; et pourvu que leur présence soit à peu près motivée, personne ne s'avisera d'en critiquer l'usage.

Des accessoires.

Dans la pantomime, les accessoires jouent un rôle beaucoup plus important que dans la comédie.

Ils sont à ce point indispensables que nous irons jusqu'à conseiller d'enfreindre un peu les lois de la vraisemblance pour introduire en scène les objets nécessaires, alors même qu'il ne serait pas absolument naturel de les y rencontrer.

Un exemple :

Supposons qu'un artiste ait à mimer cette phrase :
Je viens de consulter mon baromètre ; il marque..., etc.

Nous devons avouer que, si nous étions à la place de cet artiste, nous serions fort embarrassés.

C'est en vain que nous tenterions de décrire un baromètre.

Il faudrait donc couper la phrase.

Cependant, il se peut qu'il soit indispensable de consulter un baromètre.

Que fera l'auteur ?

Il remplacera la phrase : *je viens de consulter mon baromètre*, par celle-ci : *l'artiste consulte le baromètre*.

Si l'action se passe dans un salon ou dans un cabinet de travail, il sera tout naturel d'y accrocher un baromètre, et l'artiste, au lieu de se trouver en présence d'une impossibilité, n'aura plus qu'un mouvement très simple à exécuter : il s'approchera du baromètre, l'examinera un instant et reviendra donner au public le résultat de son observation.

Mais, — il y a de ces fatalités, — l'action se passe peut-être dans un jardin. Or les baromètres ne poussent pas sur les rosiers.

Eh bien, plutôt que de laisser votre personnage aux prises avec les difficultés de la première phrase, vous aurez raison de faire apporter un baromètre en scène, même sous le prétexte le plus baroque, même sans aucun prétexte.

Le public vous pardonnera plus aisément cette licence qu'une longueur ou une obscurité, défauts bien autrement dangereux.

Les accessoires sont d'une importance capitale, et l'auteur doit déployer toute son ingéniosité pour les avoir sous la main d'une manière plausible.

Des costumes.

Autant que possible, les costumes doivent être typiques, de façon à déterminer nettement, à première vue, la condition des personnages qui les portent.

Les auteurs ont tout intérêt à choisir pour leurs héros

des conditions ou des professions comportant des costumes spéciaux, facilement reconnaissables.

Avec les personnages de la comédie italienne, il n'y avait pas à craindre qu'on prît Léandre pour Arlequin.

Du temps de Molière, un marquis, un notaire, un apothicaire, un marchand de draps, etc., avaient des costumes distincts qui écartaient également tout danger de confusion.

Mais de nos jours, il n'en est pas ainsi; ces différents personnages pourraient tous se faire habiller chez le même tailleur et se ressembler comme des frères.

Or, comme il est de toute nécessité d'initier le public immédiatement sur la qualité du personnage qui paraît, l'artiste devra apporter le plus grand soin dans la composition de son costume, en y ajoutant toutes les distinctions, tous les détails, tous les petits riens qui peuvent caractériser et expliquer le type qu'il doit incarner.

Du maquillage.

Le maquillage, c'est-à-dire pour un artiste, l'art de se faire la tête, est, dans une pantomime, du plus haut intérêt.

En effet, que dans une comédie un acteur se présente avec un costume et une tête qui ne soient pas tout à fait en rapport avec le personnage qu'il représente, — et cela ne se voit que trop souvent, — la pièce restera tout aussi claire et poursuivra son chemin.

Dans une pantomime, il pourrait en résulter des conséquences infiniment plus graves.

Un exemple suffira à le faire comprendre :

A un certain moment un médecin entre en scène.

Dans une comédie, l'un des acteurs pourra s'écrier : *Ah, voilà ce cher docteur !* ou bien : *Venez vite, docteur, on vous attend.*

Cela suffira. Lors même que l'artiste chargé du rôle de médecin ressemblerait plutôt à un pianiste, le public le tiendra pour docteur, quitte à murmurer : il a une drôle de tête pour un docteur.

Mais que le fait se produise dans une pantomime, et qu'à l'entrée du médecin le public le prenne pour le pianiste, il en résultera une confusion des plus fâcheuses, et même, avec un peu de malechance, une suite de quiproquos atroces qui peuvent faire tomber la meilleure des pantomimes.

De l'affiche et du programme.

Comme rien ne doit être négligé de ce qui peut servir à éclairer le public, nous conseillerons aux auteurs, en ce qui concerne la rédaction de l'affiche et du programme, d'en revenir tout simplement à celle de Molière.

Voici, à titre d'exemple, le tableau des personnages de *George Dandin* :

GEORGE DANDIN, riche paysan, mari d'Angélique.
ANGÉLIQUE, femme de George Dandin et fille de M. de Sottenville.
M. DE SOTTENVILLE, gentilhomme campagnard, père d'Angélique.
Mme DE SOTTENVILLE.
CLITANDRE, amant d'Angélique.
CLAUDINE, suivante d'Angélique.
LUBIN, paysan, servant Clitandre.
COLIN, valet de George Dandin.

La scène est devant la maison de George Dandin, à la campagne.

Nous aurions vraiment tort de nous priver d'un moyen qui nous permet d'apprendre au public, avant le lever du rideau, le lieu de la scène, la qualité de nos personnages, les liens qui les unissent, enfin une bonne partie de notre exposition, c'est-à-dire ce qui nous coûterait le plus de peine.

Cette rédaction, qui a paru un peu trop explicative pour le théâtre moderne, reste excellente pour la pantomime.

Le public lit une affiche, consulte un programme. Sa bonne volonté va jusque-là. Seulement, il ne faut pas lui en demander davantage.

A ce propos, une question se présente ici :

Doit-on distribuer un argument au public ? c'est-à-dire l'explication de la pantomime.

Nous répondrons par le syllogisme suivant :

Ou votre pantomime est bien faite, autrement dit, parfaitement claire ; ou elle est inintelligible sans une explication préalable.

Dans le premier cas, l'argument est inutile.

Dans le second cas, il ne faut pas laisser jouer votre pantomime.

Donc, pas d'argument.

Et, en effet, n'est-ce pas un aveu d'impuissance ? N'est-ce pas prévenir les gens qu'on est incapable de leur donner le spectacle que l'affiche promet ? N'est-ce pas une naïveté équivalente à celle qui consisterait, pour un peintre, à écrire sous son tableau : *Ceci représente un cheval?*

On peut déclarer à coup sûr qu'une œuvre mimée pour laquelle on s'est cru obligé d'écrire un argument, ne vaut pas la peine d'être jouée.

De l'onomatopée.

Exceptionnellement, et avec beaucoup de tact et de précaution, on peut employer les onomatopées, les cris, les bruits et imitations de bruits, l'éclat de rire, le sanglot, la toux, les « pst », les exclamations, enfin, tous les sons inarticulés, et en tirer des effets de bon aloi.

Les ah! oh! aïe! exprimant la surprise, la joie ou la douleur ; le chant des oiseaux, les cris d'animaux, les bruits d'instruments et d'outils ; le froufrou des étoffes ; les coups de sifflet..., etc., etc.

L'imitation de tous les bruits appartient au langage naturel.

Il faut seulement s'en servir avec une extrême délicatesse.

L'auteur et le mime ne doivent jamais oublier que le spectacle de la pantomime est une sorte de rêve qui se déroule silencieusement devant un public qu'il ne faut pas réveiller brutalement par un bruit mal mesuré.

Il faut que les bruits qu'on se permet, — y compris la

musique, — ne soient que des bruits mystiques, des bruits de velours.

Si obscure que puisse paraître cette recommandation, nous sommes persuadés qu'elle sera comprise par ceux qui ont l'intuition du théâtre.

Une grave question se présente encore à cet endroit :

Dans une pantomime, *peut-on user d'un personnage parlant, ou d'une phrase, ou d'un mot?*

Non, non, mille fois non!

Pas un rôle, pas une phrase, pas un mot; quand même ce mot unique serait appelé à produire la plus profonde sensation.

Une seule parole articulée briserait brusquement le charme fragile que vous auriez édifié avec tant de soins; l'intérêt, l'illusion, le rêve, tout s'écroulerait, tout s'émietterait sous ce coup de tonnerre.

Votre public ne consentirait plus au silence, il ne vous permettrait plus le mutisme; il vous dirait : puisque vous avez prononcé ce mot, pourquoi ne prononcez-vous pas tous les autres ?

La comédie supporte un personnage muet, comme elle supporte un sourd ou un aveugle, à titre d'infirme.

Mais dans la pantomime, un personnage faisant éclater soudainement le langage articulé parmi des personnages qui ne parlent pas, ne peut passer pour un infirme, bien qu'il soit l'exception ; c'est une monstruosité absurde et malfaisante.

Et puisque nous en sommes sur ce sujet, nous ajouterons que le simulacre de la parole est aussi absurde que la parole même.

Nous avons remarqué que certains comédiens qui s'essaient actuellement dans la pantomime, avaient pris la déplorable habitude de remuer les lèvres et d'articuler sans bruit les mots de la phrase qu'ils mimaient.

Nous nous demandons avec étonnement par suite de quels raisonnements ils ont pu en arriver à se livrer à un exercice aussi illogique.

Est-ce peut-être parce qu'on raconte que les gens qui ont

l'oreille dure finissent par acquérir la faculté de comprendre ce que dit leur interlocuteur aux seuls mouvements des lèvres, en sorte qu'ils *voient la parole*, ou qu'ils *entendent avec les yeux?*

Mais quel rapport peut-il y avoir entre ce fait et la pantomime? Le public n'est pas sourd.

Pourquoi faire le simulacre de la parole puisque vous ne parlez pas, puisque vous ne devez pas parler, puisque, au contraire, le talent d'un mime est plutôt *de faire oublier momentanément que la parole existe ?*

Un mime qui se sert d'un moyen aussi insensé n'arrive qu'à produire l'impression excessivement désagréable qu'il voudrait parler, mais qu'il est aphone.

Or, souvenons-nous bien qu'un mime n'est pas un muet, mais un être à part, un personnage mystérieux, qui n'a que faire de la parole.

Une autre considération fort importante, c'est que, pendant qu'un artiste se livre à ce bavardage silencieux, il se prive de ses lèvres et de ses mâchoires dont les mouvements concourent si puissamment à toutes les expressions de la physionomie.

Par ce qui précède, on comprendra sans peine que c'est également blesser le bon sens que de faire semblant de se parler à l'oreille et que d'écouter pour surprendre une conversation.

Nous proscrivons donc absolument :

La parole.
Le simulacre de la parole.
Le simulacre de se parler à voix basse.
Et le simulacre d'écouter une conversation.

CHAPITRE IX

De la mise en scène.

Confiez une excellente pantomime à un mauvais metteur en scène, vous obtiendrez un résultat déplorable; donnez une mauvaise pantomime à un excellent metteur en scène, il en fera quelque chose d'intéressant.

Généralement, c'est l'auteur qui fait la mise en scène. Mais que de fois il s'assassine lui-même !

Tout auteur de pantomime devrait pouvoir être professeur de mimique, car la première difficulté qu'il va rencontrer, c'est l'absence de mimes.

Il aura pour interprètes des artistes de plus ou moins de talent, dont le moindre défaut sera de croire que la pantomime n'est nullement difficile à jouer.

Mais si le metteur en scène sait son métier, il les fera vite revenir de cette erreur.

Un metteur en scène qui, se fiant à son expérience et à son inspiration, fait commencer les répétitions sans s'être préparé à sa tâche par une très laborieuse étude de la pièce, ne peut rien faire de bon.

Il commettra fatalement des erreurs qui l'obligeront à des tâtonnements et à des rectifications qui retarderont les progrès et permettront aux artistes de critiquer et même de s'immiscer dans le travail, ce qui est funeste à tous égards.

Ce n'est qu'en étudiant méticuleusement et opiniâtrément chez lui, la pièce qu'il doit monter, que le metteur en scène peut acquérir la connaissance parfaite de ce qui est le mieux, de tout ce qui doit être fait, de tout ce qu'il doit apprendre aux artistes, de tous les écueils à éviter, de tous les effets à faire valoir.

Il faut qu'il ait prévu les dimensions de son décor, la place exacte de chaque meuble, de chaque accessoire, et qu'il les ait disposés de telle sorte que, lorsque viendra le moment de s'en servir, ils se trouvent précisément là où ils offriront le plus de commodité aux acteurs.

Il faut, en outre, qu'il ait déterminé, au point de vue de la nécessité matérielle et de l'effet scénique, toutes les entrées, toutes les sorties, toutes les passades et surtout tous les groupements, ainsi que l'ordre dans lequel ces mouvements doivent s'exécuter; le tout en s'inspirant de cette double obligation : faciliter la tâche des interprètes, produire sur le public la plus puissante impression.

En un mot, il faut que le metteur en scène sache la pièce d'un bout à l'autre, au moins en ce qui concerne les mouvements importants, aussi parfaitement que s'il l'avait vu jouer un grand nombre de fois.

Certes, c'est une besogne pénible, délicate, difficile, et qui exige une profonde connaissance des choses du théâtre; mais les avantages qui en résultent sont inappréciables.

La première conséquence sera d'imposer la confiance aux artistes qui se soumettront aveuglément aux exigences d'un metteur en scène qui sait ce qu'il veut, qui sait où il va.

A ce propos, il est un point sur lequel il est bon d'appeler l'attention des auteurs et des directeurs.

De toutes les professions, la profession d'artiste dramatique est certainement celle qui excite le plus vivement l'amour-propre. Est-ce parce que l'artiste est tenu d'intéresser autant par ses qualités physiques que par son intelligence ? C'est possible.

Mais que ce soit par amour de l'art, par vanité ou par intérêt, il est certain que tout artiste éprouve une émotion chaque fois qu'on lui confie un rôle nouveau.

La pièce est-elle bonne? Réussira-t-elle? Mon rôle est-il de nature à me valoir un succès? Est-ce une panne? Autant de questions qui l'agitent vivement.

Et, en effet, il y va de la prospérité de *son* théâtre, il y va de son avenir personnel. Un bon rôle peut le tirer hors de pair.

Il s'ensuit que le jour de la première répétition tous vos artistes, les anciens comme les jeunes, arrivent avec une sorte de fièvre qu'on pourrait appeler la fièvre de l'art.

Nulle ardeur n'est comparable à la leur. Vous pouvez leur demander tout ; ils tenteront l'impossible. Les bons acteurs comme les mauvais se surpasseront.

Ils sont tout sensibilité.

Si de votre côté vous arrivez armé de toutes pièces, si vos indications sont nettes et précises, si vos exigences sont logiques, si vos observations sont irréfutables, si vous êtes en mesure d'indiquer à vos interprètes des effets qu'ils n'avaient pas prévus, vous ne serez plus alors un metteur en scène auquel on obéit machinalement ou à regret, vous serez un maître écouté, vénéré, vous serez un dieu.

Loin de diminuer au cours des répétitions, cette fiévreuse émulation ne fera que s'accroître ; chacun, dans la proportion qui lui sera confiée, apportera à la perfection de l'œuvre une ardeur passionnée ; c'est avec une rapidité stupéfiante que la pièce sera sue, mise au point, prête à être livrée au public.

Or, jouée dans de pareilles conditions, elle aura les meilleures chances de réussite.

Au contraire, si le metteur en scène n'est pas suffisamment préparé et qu'il soit hésitant et perplexe, il en résultera des changements continuels et des discussions qui auront pour résultat de retarder considérablement le travail, de refroidir et d'énerver les artistes, et, finalement, une œuvre à laquelle manquera ce souffle d'enthousiasme et de foi ardente sans lequel on n'empoigne jamais le public.

Tout ce que nous avons dit jusqu'ici pourrait tout aussi bien s'appliquer à la comédie qu'à la pantomime. Mais, si nous abordons les questions de détail, nous devrons, en outre, exiger du metteur en scène une parfaite connaissance de la mimique.

Car il ne suffit pas de dire à un artiste : votre geste n'est pas clair ; il ne signifie rien. Il faut encore pouvoir lui enseigner le meilleur.

Tout d'abord, le metteur en scène devra exiger de chaque artiste, dès sa première entrée, qu'il étudie l'attitude, la démarche et l'expression habituelle de la physionomie propres à caractériser le personnage qu'il représente ; à se mettre, comme on dit, dans la peau de ce personnage.

Ce premier point nous paraît très important, et nous sommes étonnés qu'il ne soit pas l'objet d'une étude spéciale dans les théâtres de comédie.

Encore bien plus que par le costume, un marquis et un garçon boucher, par exemple, doivent différer par l'allure, le maintien, les manières, le port de la tête, la position des bras et des jambes et par l'expression habituelle du visage.

C'est cela qu'il faut obtenir avant tout. Ce sera déjà un grand pas de fait.

Ensuite, et sans s'inquiéter de la partie expressive, il faudra, pendant les premières répétitions, ne s'occuper que des grands mouvements, c'est-à-dire des entrées, des sorties, des passades, des groupements, des points que les artistes devront occuper de telle à telle réplique, des lignes qu'ils doivent décrire en scène pendant telle action, déterminer les moments où ils seront assis, debout, ou dans telle autre posture.

Ce n'est que lorsque cette partie presque géométrique sera parfaitement établie que le metteur en-scène devra s'occuper de l'expression.

S'il connaît bien les principes de la mimique qui font l'objet de la première partie de cet ouvrage, il lui sera facile d'indiquer aux artistes les mouvements indispensables qu'ils devront exécuter pour interpréter strictement leur rôle.

Arrivé à ce point, vous aurez une traduction parfaitement claire, mais d'une sécheresse mathématique, de l'œuvre littéraire en langage mimique.

C'est alors seulement que vous devrez animer ce squelette de pièce, y répandre la vie et l'intelligence, en permettant aux artistes, qui n'ont été jusqu'à présent que des automates, de montrer de la sensibilité, de la chaleur et de la passion.

Ce qui va, d'ailleurs, galvaniser la pantomime, c'est que le moment est venu d'unir la musique à la mimique, d'enfermer telle série de gestes, dans tant de mesures et de marier telle mélodie à telle expression.

Une transformation complète va s'opérer ; l'œuvre va palpiter et devenir éloquente.

Et vous allez enfin pouvoir perfectionner les détails et exiger que les expressions et les mouvements qui les composent aient toutes les qualités requises.

Qualités des expressions.

Pour qu'une expression mimique soit valable, il faut :
1° Qu'elle soit immédiatement et absolument claire ;
2° Qu'il ne soit pas possible de lui attribuer une autre signification ;
3° Qu'elle paraisse si naturelle et si simple qu'il ne puisse venir à l'idée de personne que l'expression verbale eût été préférable.

Il faudra donc rejeter ou modifier toute expression qui exigerait un trop grand nombre de gestes explicatifs, — parce qu'elle ferait *longueur*.

De même, il faudra rejeter ou modifier toute expression dont la signification serait équivoque, ou qui pourrait signifier plusieurs choses, — parce qu'elle ferait *obscurité*.

Longueur, *obscurité*, sont les deux écueils à redouter.

Qualités des mouvements.

Les mouvements mimiques doivent être exécutés avec une grande *précision*.

Faire des mouvements vagues ou incomplets, c'est balbutier ou bredouiller.

Ils doivent être *gracieux*. Ils acquièrent cette qualité par les mouvements complémentaires qui ont pour but d'harmoniser tout le corps avec le mouvement principal.

Ils doivent donner la sensation du *ton* nécessaire, en rapport avec la nature du sentiment à exprimer. Ainsi le geste qui signifie : *allez*, peut être fait avec douceur, avec bonté, avec fermeté, avec hauteur, avec mépris, etc. Entre le premier et le dernier sentiment, il y a place pour une foule de nuances qu'il est désirable de voir observer.

Ils doivent avoir une certaine *durée*. A savoir : un temps d'immobilité suffisant pour permettre au spectateur de voir nettement le geste actuel et de le distinguer du geste à venir.

Des gestes trop précipités s'annulent.

Fin des phrases.

Lorsqu'un artiste vient d'achever une phrase mimique, ou qu'il est interrompu, au lieu de reprendre brusquement une attitude neutre ou d'attente, il est préférable qu'il conserve l'attitude complète qu'il avait en faisant son dernier geste, attitude qui ira s'atténuant peu à peu, pour disparaître, ou se confondre insensiblement dans la prochaine attitude motivée.

Ce moyen donne au jeu de l'artiste beaucoup de naturel et nous le recommandons expressément.

De l'unité d'expression.

Ne permettre en aucun cas à un artiste, d'exprimer deux choses à la fois.

Par exemple, à cette réplique : *Vous n'avez plus besoin de moi?* de répondre, en même temps, avec la tête : *non* et avec le bras : *sortez*.

Ne jamais supporter que deux ou plusieurs artistes fassent des gestes dans le même temps, même s'ils sont dans des groupes différents, même si ces groupes sont très éloignés les uns des autres.

La raison en est simple.

Nous *écoutons* une pantomime avec nos yeux.

Or, l'œil ne peut voir bien, c'est-à-dire, suffisamment, qu'un seul geste à la fois.

Pendant que nous regarderons un geste qui se fait à droite,

si un autre geste se fait à gauche, il est vrai que nous nous en apercevrons ; nous saurons que quelqu'un a fait un geste, à gauche, mais nous ne l'aurons pas vu suffisamment pour en comprendre la signification.

Ce geste, fait à gauche, est donc inutile puisqu'il n'a pu être compris.

Malheureusement il n'est pas qu'inutile ; il est *nuisible*. Car la part d'attention qu'il aura exigée a dû être soustraite à l'attention totale qu'il était désirable qu'on accordât au geste qui se faisait à droite.

Supposons maintenant que cette faute soit fréquente, — et elle le sera immanquablement si personne n'y met ordre, — il arrivera que notre œil, incité par des mouvements exécutés dans le même temps, par plusieurs personnages, et sur des points différents, se promènera avec effarement, çà et là, visant tantôt un personnage et tantôt un autre, — de préférence, le plus remuant, — et n'apportera forcément à notre esprit que des sensations confuses, absolument inintelligibles.

Donc, un seul artiste doit faire des mouvements expressifs dans un même temps. Nous n'imaginons pas un seul cas qui permette de faire exception à cette règle.

Il est vrai que plusieurs acteurs, s'adressant à un même personnage, peuvent gesticuler à la fois, supplier, injurier, menacer ; mais fussent-ils cent, fussent-ils mille, ils ne représentent jamais qu'une foule, qu'un parti, qu'une unité ; en somme : un interlocuteur. Et pourvu que cette foule et le personnage auquel elle s'adresse, ne gesticulent pas en même temps, mais chacun à son tour, le dialogue restera aussi clair que s'il n'y avait que deux personnages en scène.

De la figuration.

Nous trouvons qu'en général les metteurs en scène n'apportent pas tout le soin et toutes les connaissances désirables dans le groupement de la figuration et dans les mouvements qu'on exige d'elle.

Il serait à souhaiter que chacun d'eux fut un peintre de mérite, car ce sont continuellement de véritables tableaux qu'il a à composer.

Il devrait tout au moins ne pas dédaigner de consulter les décorateurs qui sont, à notre époque, gens de grand talent, et dont les conseils seraient des plus précieux.

Ne serait-ce qu'au point de vue de la perspective, on ne verrait plus, au moins, commettre de ces fautes qui affligent.

Un exemple, entre autres :

Le décor représente un paysage. Par un admirable effet de perspective, le regard s'enfonce en un lointain prodigieux.

La scène est encombrée de figurants.

Eh bien, toujours en pareils cas, nous avons vu qu'on avait placé les plus petits au premier plan, et les plus grands au fond de la scène, contre la toile de fond; alors que c'est absolument le contraire que le goût et la raison ordonnent de faire.

Que les metteurs en scène veuillent bien se pénétrer de ceci : qu'ils ont surtout pour mission de composer sans cesse des tableaux intéressants et, certainement, ils arriveront à se servir avec plus d'art, des puissantes ressources qui leur sont confiées.

D'autre part, nous ne saurions trop appeler leur attention sur les scènes très mouvementées, qu'on pourrait appeler scènes de désordre. Ce sont précisément celles où il faut déployer le plus d'ordre, de méthode et de soins dans les détails.

Dans ces circonstances, un metteur en scène qui s'écrie, ainsi que nous l'avons vu faire maintes fois : Allez, courez, agitez-vous, démenez-vous ! est un homme qui ne sait pas son métier.

Qu'il s'agisse d'une fête animée, d'une émeute, d'une mêlée, d'une scène enfin où le désordre doit être à son comble, il ne faut pas laisser faire un seul mouvement qui ne soit indiqué et placé à son rang dans la succession de tous les mouvements.

C'est facile à concevoir.

Nous avons besoin de donner au public une sensation

parfaitement déterminée ; il faut donc que tous les mouvements qui s'exécutent concourent à donner cette sensation.

Or, l'incohérence totale qui doit nécessairement résulter de mouvements exécutés d'après l'initiative individuelle, quelles que soient d'ailleurs l'intelligence et l'ardeur de chacun, ne peut rien produire, pas même l'impression du désordre ; le résultat ne peut être qu'antiartistique, négatif au point de vue de l'effet et absolument désagréable à voir.

En général, *méfions-nous du mouvement, précisément à cause de la puissance du mouvement.*

Dans certains cas, un simple clignement de l'œil peut faire infiniment plus d'effet que cent hommes se démenant à outrance.

Un dernier mot :

Le spectacle de la pantomime doit être *une série de tableaux mouvants* que chaque geste vient modifier à tout moment, mais non incessamment, puisqu'il doit y avoir de très courts instants d'immobilité, qui sont : *la tenue du geste.*

Mais, en outre de cette tenue ordinaire du geste, nous prévenons les metteurs en scène que, dans toute œuvre mimée, il y a, par endroits, des instants de scène qu'on pourrait appeler des *instants capitaux*, soit à cause de l'intensité de l'action, soit par l'importance qui résulte de l'ensemble des attitudes de tous les personnages ; — qu'il est bon de distinguer ces instants afin de les faire valoir, et que, pour y réussir, il suffit de transformer la tenue ordinaire du geste en une sorte de *point d'orgue*, c'est-à-dire d'augmenter de quelques secondes la tenue ordinaire du dernier geste de chacun, ce qui nous donnera, pour un moment très court, un véritable *tableau vivant.*

Espacés, bien choisis et exécutés avec tact, ces effets ne peuvent manquer de réussir.

CHAPITRE X

De la musique.

Quand on assiste à la représentation d'une comédie jouée en une langue étrangère, on éprouve d'abord quelque chose d'inquiétant à entendre prononcer des mots dont la signification reste inconnue. Mais, peu à peu, l'esprit renonçant à l'effort habituel qui a pour but de rattacher un sens précis aux paroles entendues, on ne perçoit plus que des images, des mouvements, des faits ; la déclamation des personnages devient une sorte de chant composé de modulations tantôt douces et tendres comme des prières, et tantôt acerbes et violentes comme des cris de colère.

Finalement, cette comédie devient pour nous une sorte de pièce sans parole dont la musique est la voix des acteurs.

Nous croyons que, dans une pantomime, la musique a précisément pour mission de remplacer la voix des acteurs et de nous rendre cette éloquence inarticulée, ces modulations passionnées qui sont l'expression naturelle de la sensibilité humaine.

Le tragédien Rossi nous a laissé une impression inoubliable. Au moment de tuer Desdémone, il se tenait sur le devant de la scène, et, sans un geste, mais le visage affreusement décomposé, il faisait entendre un gémissement prolongé, faible d'abord, qui allait toujours grandissant et qui éclatait enfin en une sorte de rugissement effroyable ; et quand, soudain, il disparaissait derrière le rideau qui masquait le lit où reposait Desdémone, on savait, on voyait dans toute son horreur l'acte qu'il y accomplissait.

Aucune phrase, aucun vers, aucune expression littéraire si puissante et si parfaite qu'elle fût ne saurait émouvoir autant que ce cri qui n'était ni un mot, ni une syllabe.

Ce cri, c'est la musique qui doit nous le rendre.

Une pantomime doit-elle être accompagnée à l'orchestre ou simplement au piano?

Si, d'après ce que nous venons de dire, on veut bien admettre que la musique est la voix des mimes, il faut convenir que le piano ne remplit pas le but désiré.

Quand on ne peut faire autrement, il faut bien s'en contenter; c'est toujours mieux qu'un tambour. Mais un compositeur, pouvant disposer d'un orchestre, voire même d'un simple quatuor, aurait grand tort de préférer un piano, sous l'insuffisant prétexte qu'avec ce seul instrument il est plus facile de suivre le jeu des acteurs.

Doit-on user du *leitmotiv?*

Certes! c'est comme si l'on demandait : un personnage doit-il avoir un caractère personnel capable de le distinguer des autres personnages?

Et même, si nous l'osions, nous recommanderions aux compositeurs d'attribuer plus particulièrement à chacun des personnages un instrument en rapport avec son caractère : la flûte à l'ingénue, le violoncelle à l'amoureux, le basson au vieux père, la clarinette au comique..., etc.

A quel moment la musique d'une pantomime doit-elle être composée?

D'habitude, on procède pour une pantomime comme pour un ballet. Son scénario achevé, l'auteur le confie à un compositeur qui en fait la musique à sa guise, selon les idées qu'il a sur l'interprétation d'une œuvre mimée.

En sorte que, avant même la première répétition, on se trouve en présence d'une œuvre définitive qu'il faudra interpréter telle qu'elle est.

Pour que cette manière fût bonne, il faudrait admettre que l'auteur n'ait pas commis la moindre erreur, et que le compositeur ait une si miraculeuse intuition de toutes les expressions qui *seront* nécessaires, de tous les gestes qui *devront* se faire, de leur nombre, de leur nuance et de leur durée, qu'il n'ait écrit ni une mesure de trop, ni une mesure de moins. En d'autres termes, il faudrait que l'auteur et le compositeur possédassent, autant l'un que l'autre, non seulement une expérience consommée de la pantomime, mais une expérience impeccable.

Peut-on espérer qu'il en soit ainsi? Nous ne le croyons pas.

Grâce à cette peu pratique manière de procéder, voici ce qui arrive toujours : Dès les premières répétitions, l'artiste se trouve enserré par la musique comme en une armure ou trop large ou trop étroite. Il n'a plus la liberté de chercher la vérité des expressions, la qualité et la durée de ses gestes, il n'a plus qu'une obligation unique : employer la musique telle qu'elle est.

A tout instant il se voit forcé d'exprimer en quatre mesures une scène qui en exigerait trente, ou d'employer, *n'importe comment*, trente mesures alors que quatre auraient suffi.

Il en résulte fatalement deux sortes de défauts très graves : des phrases à peine esquissées qui font obscurité, et d'autres fastidieusement répétées qui font longueur.

Voici ce qui s'est passé sous nos yeux dans l'un des principaux théâtres de Paris. Il s'agit d'un ballet-pantomime.

Pour l'entrée du sergent recruteur, personnage important, le compositeur a écrit une marche de trente-deux mesures, superbe d'allure et d'entrain.

Le sergent entre, faisant le beau. A la fin de la quatrième mesure, il se trouve devant le trou du souffleur.

Il reste encore vingt-huit mesures.

— Vous descendez trop vite, lui reproche le directeur, recommencez.

Le sergent modère son allure ; il s'arrête même un instant en route et se retrouve devant le trou du souffleur à la huitième mesure.

— Il reste encore vingt-quatre mesures à employer, s'écrie le compositeur.

Le directeur conseille alors à l'artiste de saluer à droite

et à gauche les groupes de promeneurs et de petites marchandes qui vont et viennent sur la scène. En même temps, les figurantes reçoivent l'ordre d'aller au-devant du sergent et de l'entourer.

Le sergent recommence et, cette fois, ce n'est qu'à la seizième mesure qu'il arrive à la rampe.

Encore seize mesures de trop.

Le compositeur tempête. Le directeur s'étonne à haute voix de la maladresse de l'artiste.

Le sergent a perdu sa belle assurance ; il mâchonne entre ses dents une légitime protestation.

Néanmoins, il recommence son entrée et sur les indications de la maîtresse de ballet et du directeur, il va saluer à gauche, à droite ; il prend le menton d'une marchande, puis d'une autre ; il esquisse quelques gestes vagues. S'apercevant que malgré tout, il s'est déjà rapproché du trou du souffleur, il remonte vivement vers le groupe de gauche qu'il salue ; il salue également le groupe de droite ; puis il reprend des mentons par-ci, des mentons par-là. Sa physionomie n'exprime qu'une chose : cette musique ne va-t-elle pas bientôt finir? Hélas, non. Il y en a encore. Alors, il salue de plus belle, il salue, il salue toujours. Jamais on ne vit un militaire si poli.

Enfin, les trente-deux mesures sont terminées !

On va entrer dans l'action.

Le beau racoleur doit enivrer un jeune villageois et lui persuader de signer son engagement.

Malheureusement, maintenant, c'est le défaut contraire qui a lieu; il n'y a pas assez de musique. Le malheureux sergent a beau se hâter, précipiter ses gestes, il n'a pas exprimé le quart de ce qu'il doit dire que déjà la musique de la scène suivante est commencée.

Le directeur fait presser les mouvements, abrège et coupe, à tel point que la scène n'a plus de signification.

C'est curieux, dira un jour ce directeur, le public n'aime pas les pièces mimées.

Ce qui est curieux, c'est d'oser faire la mise en scène d'une pièce mimée quand on n'y entend rien.

En somme, ce n'est pas tant le compositeur qui est à blâmer, que l'auteur dont le manuscrit est toujours si incomplet qu'on ne saurait en tirer les indications nécessaires.

Il faut d'abord, nous ne saurions trop le répéter, que la pièce soit écrite complètement, que les scènes soient dialoguées comme pour une comédie, qu'elle contienne enfin toutes les idées qui doivent être exprimées par la mimique.

Alors, seulement, l'auteur se rendra chez le compositeur auquel il devra mimer son œuvre d'un bout à l'autre.

A eux deux, ils devront déterminer morceau par morceau, le sentiment et la durée de la musique de chaque mouvement, de chaque action, de chaque phrase.

Le compositeur devra faire un *monstre* de toute la partition, c'est-à-dire esquisser en *charge*, le genre, les motifs, les mouvements et les effets désirables.

Mais ce qu'il devra noter exactement, c'est le nombre de mesures nécessaires pour tel mouvement, telle action, telle phrase.

Il faut donc que l'auteur soit capable de mimer son œuvre, au moins au point de vue de la durée des expressions, ou qu'il se fasse accompagner par un mime expérimenté.

Évidemment, c'est là une besogne difficile et pénible ; mais c'est l'unique moyen pratique d'arriver à un bon résultat.

Pendant que le compositeur écrira sa partition, l'auteur pourra commencer la mise en scène et enseigner à ses interprètes ce qu'il attend d'eux.

Ce travail exécuté dans le silence est excellent, parce qu'il permet à l'auteur de s'attarder aux détails et d'interrompre autant de fois qu'il est nécessaire, avec beaucoup plus de facilité que si le compositeur était déjà là.

Enfin, quand arrivera le jour de la première répétition en musique, malgré toutes les précautions prises, il faudra encore s'attendre à des surprises et à de légers remaniements.

Cette première tentative d'association entre la mimique, libre jusqu'à ce jour, et la musique ne manquera pas de provoquer un certain effarement parmi les auteurs et les mimes.

Mais grâce au procédé employé, les difficultés ne seront qu'apparentes ou peu graves. Graduellement, par des concessions réciproques, l'entente se fera; le geste se moulera dans la phrase musicale, la phrase musicale se fera la voix du geste, et chacun frémira d'une joie rare en voyant l'œuvre s'animer tout à coup, et devenir éloquente, chaude et vivante !

Ce n'est donc pas à la pantomime à subir les lois de la musique; c'est la musique qui doit se soumettre aux exigences de la pantomime.

Reste à déterminer quel genre de musique convient à la pantomime.

Pendant longtemps, les mimes se sont contentés d'une polka quelconque indéfiniment recommencée jusqu'au baisser du rideau. Ce qui était plutôt gênant qu'utile.

Tombant dans l'excès contraire, quelques auteurs actuels, prétendent que tous les mouvements, sans exception, doivent être minutieusement détaillés.

Évidemment, ces derniers sont plus près de la vérité ; mais nous pensons que l'exagération dans ce sens peut aussi devenir un défaut.

Pour un compositeur, la pantomime peut se diviser en trois genres de scènes; savoir:

1° *Les scènes de mouvements préparatoires* qui n'exigent point d'être dessinées musicalement dans les détails.

Exemple : *la servante dresse le couvert*.

Ne serait-il pas d'une puérilité énervante de lui faire placer chaque assiette et chaque fourchette en mesure, sur une note déterminée?

Autre exemple : *le marié reçoit les invités*.

Ne serait-il pas ridicule de faire asseoir les invités d'une manière rythmique?

Il est évident qu'un motif qui interprétera le sentiment général de la scène, suffira parfaitement jusqu'au moment où la situation prendra une tournure plus active.

2° *Les scènes d'action* qui comprennent tous les mouvements ayant une signification importante, tous les gestes décisifs, toutes les scènes vraiment dramatiques.

On comprend qu'elles ont tout à gagner à être soulignées en détail par des motifs spéciaux, des phrases plus ou moins courtes, ou par de simples accords.

3° *Les scènes dialoguées.* Le dialogue d'une pantomime doit être traité exactement comme un récitatif d'opéra.

Le compositeur pourra s'y livrer à toute sa verve, à toute son inspiration pourvu qu'il s'astreigne à la durée de la phrase mimique qui, le plus souvent, diffère sensiblement de la phrase verbale.

Il faut ajouter ici ce qu'on pourrait appeler la *chanson mimée* ; soit : une succession d'idées, coupée en plusieurs endroits par un refrain unique.

C'est à l'auteur à préparer cet effet, au musicien à le saisir.

Enfin, l'emploi d'un moyen très puissant : *le silence*.

Un silence absolu, succédant brusquement à la voix de l'orchestre, provoque davantage l'attention qu'un coup de canon.

Il faut donc réserver cet effet pour les scènes du plus haut intérêt.

Exemple :

Un personnage doit commettre un meurtre; la victime, inconsciente du danger qui la menace, est à trois pas de l'assassin. Eh bien, pendant que ce dernier fera ces trois pas, pendant qu'il lèvera son poignard et jusqu'au moment où il aura frappé, le silence sera infiniment plus sensationnel et plus éloquent que n'importe quel effet d'orchestre.

Le silence, c'est la respiration suspendue.

Cette définition donne la durée maximum d'un silence.

Une dernière considération :

Pour faire une bonne partition de pantomime, il ne suffit pas à un compositeur d'avoir du talent; il faut encore qu'il ait assez d'abnégation pour s'interdire rigoureusement tous les effets de son art, même les plus excellents, qui pourraient faire admirer *spécialement* la musique et modifier, par conséquent, l'état d'âme du spectateur que nous supposons toujours comme étant sous le charme d'un rêve.

Nous n'entendons pas dire par là qu'il doive éviter d'user de tout son talent, mais bien que les manifestations de ses meilleures qualités soient si parfaitement adaptées à l'action mimique que tout le bénéfice en revienne à la totalité de l'œuvre.

CHAPITRE XI

Du ballet.

Nous n'avons que peu de choses à dire à ce sujet.

Un ballet se compose de *scènes mimées* et de *scènes dansées*.

Les scènes mimées d'un ballet devant être jouées exactement comme les scènes d'une pantomime, tout ce qui a été dit dans cet ouvrage leur est applicable.

Quant aux scènes dansées, comme elles dépendent spécialement de la chorégraphie, il semble qu'il ne nous appartient pas d'en parler.

Cependant, en considérant que, de plus en plus, les ballets français deviennent inférieurs aux ballets des autres nations; que le public s'en désintéresse et déclare franchement qu'il s'y ennuie; qu'on en peut inférer que c'est parce qu'ils sont véritablement ennuyeux; que cet ennui provient moins de l'insuffisance de nos danseuses au point de vue chorégraphique que de la morne banalité et de l'incompréhensibilité de l'action; nous nous permettrons d'exprimer au moins des vœux.

Que les directeurs veuillent bien ne pas continuer à penser qu'il suffit d'exhiber de jolies filles en des costumes plus ou moins suggestifs, propres à faire valoir leurs charmes naturels; qu'ils exigent de ces demoiselles qu'elles sachent danser et mimer.

Qu'ils reconnaissent aussi qu'ils ont tort de croire que le livret d'un ballet n'a pas d'importance; que cela se bâcle en quelques lignes, sans exiger de connaissances spéciales, et que, par conséquent, ils peuvent le commander à n'importe lequel de leurs amis, pour lui faire plaisir, ou au premier venu qu'il est de leur intérêt de contenter.

Qu'ils renoncent enfin à vouloir, sans y rien connaître, s'occuper eux-mêmes de la mise en scène, au lieu de confier ce soin aux gens d'expérience dont c'est la profession.

Par l'union de la danse, de la mimique et de la musique, on peut réaliser les spectacles les plus gracieux, les plus enchanteurs.

Mais c'est un art très délicat qui exige des talents spéciaux et infiniment de goût. Livré aux mains d'un ignorant, les résultats sont nuls, assommants et même révoltants ; car, malgré soi, on s'indigne de voir gaspiller inintelligemment tant de précieuses ressources.

En général, les décors sont merveilleux, les costumes exquis, les partitions charmantes ; seuls les livrets et la direction du travail ne valent rien.

Sans vouloir entrer dans les détails, nous ne pouvons cependant nous dispenser d'adresser aux auteurs de ballets les quelques observations que voici :

Un ballet doit être une pièce.

Sans doute le sujet doit en être plutôt simple et gracieux ; mais il exige néanmoins les mêmes conditions de clarté et d'intérêt que n'importe quel autre genre de pièce.

Ses moyens d'expression sont la mimique et la danse. Il est donc indispensable que cette mimique et cette danse soient expressives, qu'elles signifient quelque chose.

Le corps de ballet doit avoir une raison pour s'agiter.

Un pas doit être motivé et avoir un but.

La danse doit concourir à l'action.

Il est bien entendu qu'une scène dansée ne peut être qu'une scène exprimée par des danses ; mais il faut néanmoins que ce soit une scène appartenant à l'action.

Il faut donc considérer la danse comme un moyen d'expression, comme un langage, au même titre que la mimique, et non pas seulement comme un exercice brillant, sans signification, et comparable à un intermède acrobatique quelconque.

En conséquence, il est désirable que les auteurs et les metteurs en scène, avant de prétendre à composer et à régler des ballets, apprennent d'abord ce que c'est que la mimique et la danse, et connaissent l'art de s'en servir comme moyens d'expression.

Alors, seulement, nous pourrons espérer de voir des ballets intéressants.

FIN DU TRAITÉ DE LA PANTOMIME.

TABLE DES MATIÈRES

L'ART MIMIQUE

Introduction..	1
Notions générales..	11
Exercices d'assouplissement..................................	19
Examen détaillé des mouvements du corps et des membres.	23
Des jambes..	23
De la démarche..	31
Des saluts..	37
Du pied...	45
Du torse..	46
Du ventre...	49
Des épaules...	49
Des bras..	52
De la tête..	68
Examen détaillé des muscles du visage........................	73
Des joues...	73
Du nez..	74
De la langue..	75
Des mâchoires...	75
Des sourcils..	79
Des lèvres..	82
Des yeux..	88
Examen détaillé des mouvements des mains.	94
Gestes indicatifs.....................................	94
Gestes descriptifs....................................	98
Gestes actifs...	99

TABLE DES MATIÈRES.

Expressions complètes..................................... 112

Expressions empreintes de volonté et d'intelligence....... 115

    Modestie. — Timidité. — Salut. — Acquiescement.... 115
    Intérêt. — Attention. — Curiosité. — Activité......... 116
    Les mêmes.. 117
    Bienveillance. — Déférence. — Galanterie............ 118
    Hypocrisie. — Dissimulation........................... 119
    Fausseté. — Astuce. — Traîtrise....................... 120
    Je mens. — Je trompe. — Je raille.................... 121
    Prêter l'oreille. — Écouter. — Observer............... 122
    Il veut me tromper. — Il ment......................... 123
    Sapristi ! Quel contretemps ! — Manqué. — Dépit..... 123
    Diable ! — Il y a du danger. — Ouvrons l'œil........ 124
    Inquiétude. — Soupçon. — Méfiance................. 125
    Sourire ironique. — Raillerie. — Sarcasme........... 126
    Dénigrement. — Désapprobation..................... 127
    Quel scandale ! — Quelle horreur !................... 128
    Mépris. — Dégoût...................................... 129
    La même, de face....................................... 130
    Dignité. — Fermeté. — Assurance................... 131
    Orgueil. — Autorité..................................... 131
    Déception. — Activité intellectuelle................... 132
    Ennui grave. — Volonté indomptable. — Combativité. 133
    Chagrin. — Torture morale. — Découragement....... 134
    Profondes angoisses. — Désespoir.................... 135
    Misère. — Souffrance physique........................ 135
    Péril extrême. — Comble de l'horreur................ 136
    Arrogance. — Défi. — Révolte......................... 137
    Colère contenue. — Haine. — Férocité............... 138
    Fureur déchaînée....................................... 139
    La même, de profil..................................... 140

Expressions passives, où la volonté et l'intelligence sont momentanément paralysées........................ 141

    Attention. — Attrait...................................... 141
    Admiration. — Amour................................... 142
    Appétence. — Désir..................................... 143
    Désir de plaire. — Fatuité.............................. 144
    Gros. — Gras. — Joufflu............................... 145
    Prospérité. — Contentement de soi.................. 145
    Ignorance.. 146
    J'entends.. 148
    Quelle chance ! — Quelle aubaine.................... 149
    Jouissance. — Gaieté.................................. 150

L'éclat de rire	151
Pâmé de plaisir	151
Pâmé de douleur	152
Hébétement. — Gâtisme	153
Être penaud. — Pris au piège	154
Remords. — Honte. — Confusion	155
Mendier. — Apitoyer	156
Envie de pleurer	157
Pleurer. — Éclater en sanglots	158
Paroxysme de la douleur physique	159
Étonnement	160
Stupéfaction	161
Extase. — Ravissement	162
Épouvante	163
La même, de profil	164
Égarement. — Affolement	165
Silence !	166

TRAITÉ DE LA PANTOMIME ET DU BALLET

Chapitre Ier. De la pantomime au théâtre	171
— II. Des ressources et des difficultés	176
— III. De l'interprétation des éléments du discours	177
Du pronom	177
Du verbe	178
Du participe	183
De l'article	183
Du substantif	183
De l'adjectif	185
De l'adverbe	188
De la préposition	190
De la conjonction	191
De l'interjection	191
Chapitre IV. Des difficultés	193
— V. Du choix du sujet	200
— VI. De la manière d'écrire une pantomime	207
— VII. De la traduction	213

TABLE DES MATIÈRES.

Chapitre VIII. De l'emploi des moyens du théâtre.......... 217

    Des décors................................ 217
    Des écriteaux.............................. 217
    Des accessoires............................ 217
    Des costumes.............................. 218
    Du maquillage.............................. 219
    De l'affiche et du programme................ 220
    De l'onomatopée............................ 221

Chapitre IX. De la mise en scène........................ 224

    Qualités des expressions.................... 228
    Qualités des mouvements..................... 228
    Fins des phrases............................ 229
    De l'unité d'expression..................... 229
    De la figuration............................ 230

Chapitre X. De la musique.............................. 233

    —   XI. **Du ballet**...................... 241

Paris. — Imp. E. Capiomont et Cⁱᵉ, rue de Seine, 57.

www.ingramcontent.com/pod-product-compliance
Lightning Source LLC
Chambersburg PA
CBHW070656170426
43200CB00010B/2266